敦煌的故事

徐晋林　王文琴　编著

读者晋林工作室出品

读者出版传媒股份有限公司
甘肃教育出版社

图书在版编目（CIP）数据

敦煌的故事 / 徐晋林，王文琴编著 . -- 兰州 ：甘肃教育出版社，2016.7（2021.8重印）
ISBN 978-7-5423-3942-3

Ⅰ. ①敦… Ⅱ. ①徐… ②王… Ⅲ. ①敦煌学—通俗读物 Ⅳ. ① K870.6-49

中国版本图书馆 CIP 数据核字（2016）第169043号

敦煌的故事
徐晋林　王文琴　编著

责任编辑　牛文斌　何佩佩
特邀编审　张小刚
藏书票创作　徐晋林

读者晋林工作室出品
总策划　独立出品人 | 徐晋林　执行创意 | 张小乐

出　版　甘肃教育出版社
社　址　兰州市读者大道 568 号　730030
网　址　www.gseph.cn　E-mail　gseph@duzhe.cn
电　话　0931-8436483（编辑部）　0931-8773056（发行部）
传　真　0931-8773056
淘宝官方旗舰店　http://shop111038270.taobao.com

发　行　甘肃教育出版社　印　刷　深圳市国际彩印有限公司
开　本　787 毫米 ×1092 毫米　1/16　印　张　14　插　页　2　字　数　126 千
版　次　2016 年 8 月第 1 版
印　次　2021 年 8 月第 4 次印刷
书　号　ISBN 978-7-5423-3942-3　定　价　180.00 元

敦煌

流丨动丨之丨美

位于沙漠戈壁中的敦煌，历经千余年的风雨沧桑，仍完好保存着735个于公元4世纪至14世纪期间开凿的石窟。

莫高窟堪称世界上规模最大、保存最完整的佛教艺术宝库。敦煌石窟艺术是集建筑、雕塑、绘画于一体的综合艺术，展现了西域佛教文化的传播及其与中原本土文化的碰撞与融合，呈现出多元文化的美学价值。对敦煌石窟这一地域艺术面貌的纵览，既是对中国佛教艺术的一次瞻仰，也是对中国传统艺术形式与意蕴的重温。当我们跨越时空，与湮没于历史长河之中的时空对话，敦煌所彰显出的艺术的不朽与崇高，无愧于“沙漠中的美术馆”的称号。

敦煌给人以时空的灵动美、虚实美、流动美，它孕育了莫高窟的石窟佛教艺术，并把这种流动定格在了一个个风格各异的石窟之中。每当进入这些洞窟，不同历史时期的画卷和彩塑好像在时空中流转了起来，这种流动的视觉印象始终留在我记忆的深处。

初识敦煌的读者，扫描二维码，观看“敦煌旅游指南”视频。

敦煌的故事

不 | 止 | 于 | 视 | 觉 | 的 | 美 | 感 | 体 | 验

这是一本在书籍整体创意和工艺制作上都极具挑战性的原创图书。我们试图引入时空流动的视觉概念，迅速精准地向读者传达敦煌的流动之美。

《敦煌的故事》封面极富创意：巧妙地将沙与景融入一个模切沙漏空间形态里，营造了隔而不离的空间效果，以此来塑造时空的流动之美。如此大胆的书籍创意，考验的是设计师能否将“奇思妙想”与印刷工艺结合并最终完美实现这一创意。经过反复的测试，我们将空间布局、沙量、沙的流速等都控制在了理想的区间，让缓缓流淌的沙有了舒缓的流动美感。沙粒自然流下，层叠起伏，产生了丰富灵动的形态变化。沙粒流动发出的沙沙声响，仿佛僧人在诵经，又好像隐约传来最曼妙悦耳的自然之声。画面中的莫高窟、月牙泉不再遗世独立，流动的沙与景相得益彰，栩栩如生地表现了沙漠戈壁中的敦煌朦胧缥缈的意境。沙与景、动与静相互交融，迷幻、苍凉、故事性弥漫其中——不止于视觉的各种美感体验都被调动了起来！

塑封还未打开，《敦煌的故事》在初识敦煌的读者手里，不管是被颠来倒去，还是被碰触把玩，沙漏里的画面都会瞬间被激活。方寸之间，以小见大，不确定和不断变化的视觉体验和心理感受，是这本不同以往的有趣的书带给读者的新鲜体验。沙与景的奇妙结合赋予书流动的生命意义，让这本书从封面构成到图书内容具有一种流动的阅读情绪，更能吸引读者视觉的注意力，让他们获得除文字阅读以外的别样的阅读体验，增加了读者对书本身的兴趣和持续翻阅的动力，让读者能够悉心体察感受敦煌莫高窟、月牙泉的时空流动之美。同时，读者通过与封面的流沙互动，也会对敦煌、对沙漠戈壁产生身临其境的现场感。如果因为这样的视觉感受，能唤起广大读者对环境沙化的思考，能点燃他们的绿色环保意识，也为本书增加了些许价值。

这一灵动的印象给了你不一样的感受，白色的沙砾状布面封面，给人感觉就如同置身于强烈的阳光下，接下来当你翻开这本具有佛教文化精髓且又故事性极强的书时，一组黑色实底的创意版面，使我们恍如从阳光下进入了黑暗洞窟的瞬间，眼睛一时不能适应，眼前一片漆黑。黑暗中隐隐约约、时隐时现的画面，仿佛流动着浮现在读者眼前，好似金色的丝带在飘动。这本书中心位置模切有一个圆洞，如同用手电筒照向墙壁所呈现的精彩画面。静下心来你先读一篇“敦煌——流动之美”，去体味创意者在这本书中融入的思想情感和对自然的尊敬之情。透过圆洞你还可以扫描二维码，观看一部敦煌旅游的视频。紧接着呈现给读者的是一枚九色鹿手工藏书票，它取材于敦煌壁画九色鹿故事中那个闪着七彩光的九色鹿（敦煌莫高窟第257窟西壁的壁画以本生故事画的形式给我们讲述了著名的九色鹿的故事）。接下来，走进敦煌、解读莫高窟、揭秘藏经洞、敦煌艺术一一进入读者的视野。图片的大小设定、穿插位置顺应着阅读节奏的起伏，引领读者从阅读到体味，从感受到联想。因多样化的书籍形态和美观大方的排版，使其内容得到充分表现，情节不断延伸，最终带给读者视觉和阅读的轻松感。细细地品味，慢慢地欣赏，通过这本书，你就认识了它——敦煌！敦煌石窟艺术的美感也通过各种感官潜移默化地深入你心……

敦煌的故事

梦|境|带|来|的|创|意|灵|感

首届丝绸之路（敦煌）国际文化博览会将于2016年9月20日在甘肃省敦煌市举办。博览会以“推动文化交流、共谋合作发展”为宗旨，以丝绸之路精神为纽带，以文明互鉴与文化交流合作为主题，以实现民心相通为目标，着力打造国际化、高端化、专业化的国家级文化博览会。晋林工作室在2015年底已开始着手准备“敦煌文博会”的参展图书及衍生产品的设计出版工作，希望在本届图书及新闻出版、版权贸易静态板块推出一批彰显丝路精神，表现丝路文化内容，具有表现力、影响力、代表性，充分展现丝路文化丰富的内涵、厚重的历史和精彩的艺术魅力的手工图书及文化创意产品。

常言道："日有所思，夜有所梦。"工作室为本届文博会所定的目标，给我带来了巨大的压力。一段时间总是做一些稀奇古怪的与书籍创意和敦煌题材有关的梦。有一晚，梦境是这样展开的：

在敦煌莫高窟前的沙漠戈壁中奔跑，我好像在追逐着什么。苍茫的大地，寂寥的天空，都像围绕着一个轴心在转动，或远去，或归来。横亘的沙漠，将画面无止境地分割开。莫高窟与三危山遥遥相望，冷静的戈壁、缥缈的沙，在时空中交融。它们之间的我，也好像与戈壁沙漠融为一体。在这方寂静的空间里，我举目远眺，悠远的画面是那么熟悉而又亲切，看似孤独寂寞的沙漠戈壁，却隐藏着生命的深沉之美。前行中，从沙中拾起一个沙漏，顺手抓取一把沙子放入沙漏中，此刻的沙漏金光闪闪——缥缈、动感、灵气。在梦里，瞬间又出现了一种魔幻般的意境，其间有一种穿透人心、跨越时空的典型符号。穿过沙漏对望莫高窟，梵音声声在耳边回响，千年前开凿的洞窟被灵光点亮……

第二天梦醒，感悟自然造化之奇妙，也记住了天空给我的留言：世间的美，都是流动着的。

文化创意产品的奇思妙想不断涌现，就看在实践中谁比谁更大胆。《敦煌的故事》把纸张、模切沙漏与有机板、敦煌鸣沙山的沙子融合在一起，景与沙的结合呈现出时空的变化之美。这样的创意也打破了书籍封面空间的局限，让书有了一张可以与读者互动的“生动有趣的脸”。

当人们觉得生活缺少一些乐趣的时候，也许是因为生活中少了些充满趣味的产品。让阅读变得有趣，可以从创意策划一些有趣的文化产品开始。那些接地气有趣味的文化产品创意，往往能让人们在使用的过程中产生愉悦的感受，给紧张的生活带来新鲜感和惬意感。书籍创意的“奇思妙想”常常会与书的内容产生内在的契合，能够使书籍的生命更加灵动鲜活。阅读书籍就本质而言，是人的各种感官感觉以及内心感受的苏醒、通融、沉淀的过程，最终使心灵得以滋养、升华。

优秀的书籍创意，或促进了图书的销量，或提升了图书的品质。常常能够带给读者突如其来的感动，让读者爱不释手，久久地珍藏。

最后，我想，各种的工艺材料、独特的“奇思妙想”与传统图书的结合，是不是能开启一个书籍设计师的崛起之路呢？

藏书票：九色鹿　莫高窟第257窟　制作技法：黑白木刻　画芯尺寸：8cm×10cm　创作年代：2016年

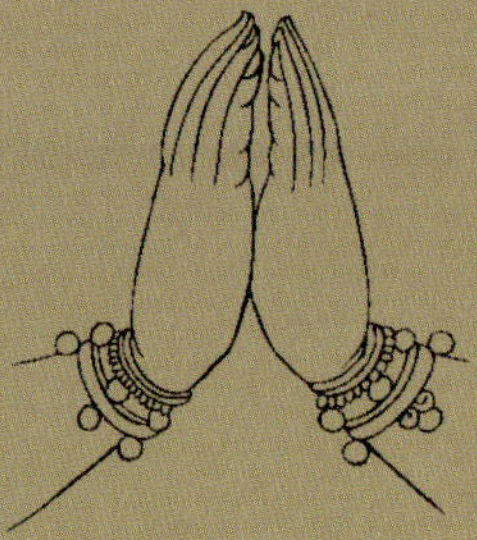

本书摄影图片由徐晋林、王玫提供

敦煌莫高窟

月牙泉

以此
致
曾经和正在这片土地上辛苦劳作的人们！

很久很久以前，有一个地方叫敦煌，
很久很久以后，这个地方仍然叫敦煌。

文人说，
敦煌有悠久的历史，灿烂的文化。
云卷沙舞，
声声驼铃相伴千载明月。

游人说，
敦煌是沙漠的面孔。
贝齿莫高窟，明眸月牙泉，
风是她理妆的手。

仰望的人说，
夏日傍晚层云闪烁兵刃的银光。
晚星如旌旗挥动，
古战场的骠骑在暗夜中再次灿烂。

还有敦煌的瓜果，
就是人与土地的爱情。

第一篇　走进敦煌

敦煌莫高窟九层楼

关于敦煌的记忆，无须刻意守护。

三千年斗转星移，一百年风云变幻。

因为久远而丰富，因为丰富而偏僻，因为偏僻而特立独行。

不与任何一处风景重合，不与任何一条道路雷同，也不偏执于任何一种文化。

在时光的流转中，以镌刻的形式，可以被遗忘，但不曾被湮没。

岁月给予了今天的敦煌城最大的馈赠，成就了一座旅游名城、一座艺术名城，甚至是一座文化名城。

打开地图，东经92° 13′～95° 30′，北纬39° 53′～41° 35′，有一片面积3.12万平方公里的土地，就是今日敦煌的属地。

敦煌市景区示意图

敦煌，作为地名，其含义不仅仅是地理风貌上的独特生长，更多的是多民族生活的历史长卷、东西方文明融合发展的丰富呈现。

这源于大自然的馈赠，更是历史的厚爱。

古代敦煌的范围，要比今天敦煌市的范围大。

它处于河西走廊的最西端，青藏高原北部边缘地带，是甘肃、青海、新疆、内蒙古的交汇处，也是古代中原进入西域的门户。

敦煌周边风光

从内部环境看，东有三危山，南有鸣沙山，西面是沙漠与罗布泊相连，北面是戈壁与天山余脉相接。

它位居亚洲内陆，属大陆性气候，干燥少雨，年降水量不到50毫米，远远低于蒸发量。但南倚祁连山，山上丰富的雪水为它带来了勃勃生机。

祁连山，因位于河西走廊之南，又被称为南山。

山脉自西北至东南走向，海拔达4000多米，山上终年积雪。

美丽壮观的祁连山脉

其冰川的大部分分布于北坡。春夏时节，冰雪消融，雪水流出山，灌溉了山前的土地，汇成石羊河、黑河、疏勒河三大水系，并缘河形成了几片肥沃的绿洲。

美丽的敦煌城，就静静地横陈于这高山、沙漠、戈壁环绕中的疏勒河流域的小绿洲上，演绎着跌宕起伏的历史大戏。

“山以灵而故鸣，水以神而益秀。”

独特的地貌和气候，为敦煌大地雕刻了大漠中的一对绝美双璧——鸣沙山和月牙泉。

由流沙堆积而成的鸣沙山，位距敦煌城南5公里，因沙动成响而得名。

沙粒呈现出红、黄、绿、白、黑五种色彩，晶莹透亮，一尘不染。人们又名之为“五色沙”。

鸣沙山东西绵亘40余公里，南北宽20余公里，主峰海拔1715米。

山形弯环，沙峰起伏，如虬龙蜿蜒，金光灿灿，宛如一座金山，壮美异常。

沙山形态各异，有的像月牙儿，弯弯相连，组成沙链；有的像金字塔，高高耸起，有棱有角；有的像蟒蛇，长长而卧，延至天边；有的像鱼鳞，丘丘相接，排列整齐。

各沙山向外延伸出几条沙垄。每两条沙垄之间，都有一个弧形滑动面，沙在其坡度较陡处下滑，碰撞出沙鸣之声。

唐代以前，鸣沙山就是敦煌的著名自然景观。

文人骚客们描述：“沙垄相衔，盘桓回环。沙随足落，经宿复初。”

此山此沙，世界所仅见。

鸣沙山的怀中，还流淌着一弯月牙儿，她就是月牙泉。

月牙泉，因其形状酷似一弯新月而得名。面积13.2亩，平均水深4.2米。

古称沙井，俗名药泉，自汉朝起即为“敦煌八景”之一，得名“月牙晓彻”。

泉水形成一湖，在沙丘的环抱中，水质甘洌，澄清如镜。

月牙泉，梦一般的泉，谜一般的泉。

泉水与流沙之间仅隔数十米，千百年来却永远碧波荡漾，水声潺潺。

泉在流沙中，却不被流沙所淹没；泉在戈壁里，泉水却不浊不涸。

一湾清泉，涟漪萦回，碧如翡翠。

相传泉内生长有铁背鱼、七星草，专医疑难杂症，食之可长生不老。

月牙泉有四奇：月牙之形千古如旧、恶境之地清流成泉、沙山之中不淹于沙、古潭老鱼食之不老。

遗憾的是，对于当代人来说，这些传说，的确都成为传说了。

幸运的是，今天依然能看到这自然界中原本相克的一沙一水，千百年来共生互映的沙漠胜景。

这种沙泉共生、泉沙共存的天下奇观，也为敦煌所独有。

鸣沙山月牙泉

敦煌自古是佛教圣地，关于月牙泉、鸣沙山的形成，当然不能仅仅看成是大自然的鬼斧神工，传说也有佛祖的神力和祝福蕴藏其中——

从前，这里没有鸣沙山也没有月牙泉，只有一座雷音寺。

有一年四月初八，寺里举行一年一度的浴佛节，善男信女都在寺里烧香敬佛，顶礼膜拜。

当佛事活动进行到“洒圣水”环节时，住持方丈端出一碗雷音寺祖传的圣水，放在寺庙门前。

忽然，听到一位外道术士的挑战声，他要与住持方丈斗法比高低。

这位术士开始挥剑作法，口中念念有词。

霎时间，天昏地暗，狂风大作，黄沙铺天盖地而来。顿时，把雷音寺埋在了沙底。

奇怪的是，寺庙门前那碗圣水却安然无恙，依然还在原地。

术士又使出浑身法术直往碗内填沙，但碗内始终进不了一粒沙。

直至圣水碗周围形成一座沙山，碗还是安然如故。

术士无奈，只好悻悻离去。

他刚走了几步，忽听轰隆一声，回头一看，那碗圣水半边倾斜变成一湾清泉，而他自己则变成了一堆黑色顽石。

月牙泉

敦煌鸣沙山月牙泉

鸣沙山

原来，这碗圣水本是佛祖释迦牟尼赐予雷音寺住持，世代相传，专为人们消病除灾的，故称“圣水”。

由于外道术士作孽残害生灵，佛祖便显灵惩罚，碗倾泉涌，形成了月牙泉。

独特的地貌和气候，也为敦煌的山川地理、自然风光笼罩了鲜明的文学意象。

历代文人墨客以敦煌大地特定的大漠驼铃、戈壁风沙、长河落日、绿洲驻牧以及胡杨林、沙枣花、骆驼刺为背景，写边地景物之苍凉，赋边关之雄伟，发戍边将士之悲壮情怀，抒写友情之珍贵，生动展示了敦煌地域的壮丽景色与人文情怀。

明月出天山，苍茫云海间。

长风几万里，吹度玉门关……

——唐·李白《关山月》

玉门关遗址

这首诗大气磅礴，一泻千里，由广阔的时空背景入手，描绘出敦煌大漠万里边塞风景图，淋漓尽致，荡气回肠。

黄河远上白云间，一片孤城万仞山。

羌笛何须怨杨柳，春风不度玉门关。

——唐·王之涣《凉州词》

同样伟大的诗人，同样写边塞风光，同样都提到了玉门关。

玉门关，建于公元前111年左右，是丝绸之路通往西域北道的咽喉要隘，位于敦煌城西北90公里处的戈壁滩中。关城为正方形，城墙高10米，上宽3米、下宽5米，东西长24米，南北宽26.4米，面积633平方米，西北各开一门。

当时的玉门关，驼铃悠悠，人喊马嘶，商队络绎，使者往来，一派繁荣景象。现在的汉玉门关遗迹，是一座四方形小城堡，耸立在东西走向戈壁滩狭长地带中的砂石岗上。登上古关，举目远眺，四周沼泽遍布，沟壑纵横，长城蜿蜒，烽燧兀立，胡杨挺拔，泉水碧绿。红柳花红，芦苇摇曳，与古关雄姿交相辉映，使人心驰神往，百感交集，怀古之情，油然而生。

提到玉门关，自然就不能不提阳关。

渭城朝雨浥轻尘，客舍青青柳色新。
劝君更尽一杯酒，西出阳关无故人。
——唐·王维《送元二使安西》

阳关和玉门关同时修建，均位于丝绸之路的要冲，随着汉时东西方文化、贸易交流日渐繁荣，“两关”也是人来车往，繁忙异常。

阳关遗址

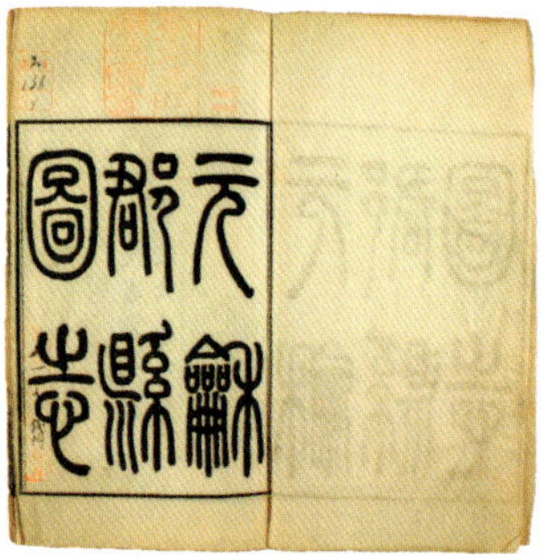

《元和郡县图志》

“敦煌”一词，最早见于《史记 · 大宛列传》中张骞给汉武帝的报告，说“始月氏居敦煌、祁连间”。敦煌一名从此明确见于史册。

古代人一般用汉语字面意义来解释“敦煌”地名，如东汉应劭注《汉书》中说：“敦，大也。煌，盛也。”形容敦煌是一个地广繁华的城市。

唐宪宗朝宰相李吉甫在《元和郡县图志》中进一步发挥道：“敦，大也。以其广开西域，故以盛名。”认为此地对于广开西域有重要作用，所以名之为敦煌。

《史记》

也有人据《史记 · 大宛列传》中“祁连”为匈奴语“天”之意，认为“敦煌”之名也出于胡语，都是当地土著居民称呼的汉语音译。

敦煌及河西走廊自古就是多民族聚居区，汉、月氏、匈奴、氐、羌、鲜卑、吐蕃、回鹘等众多民族曾在这里繁衍生息，迁徙频繁，相互角逐，各领风骚数百年。

秦汉之际，雄踞漠北的匈奴崛起，成为河西走廊的新主人。

西汉初年，强盛的匈奴以“控弦之士三十余万”的威势，对西汉王朝构成了严重威胁，并且经常骚扰掠夺。

经过多年的养精蓄锐，汉武帝继位后，为彻底扫除匈奴对中原王朝的威胁和侵扰，采取“嵌形战略”，于公元前139年派遣郎官张骞开始了艰难的“凿空”之举，首次沟通了向来闭绝的西方各国，并对匈奴展开了大规模的战争。

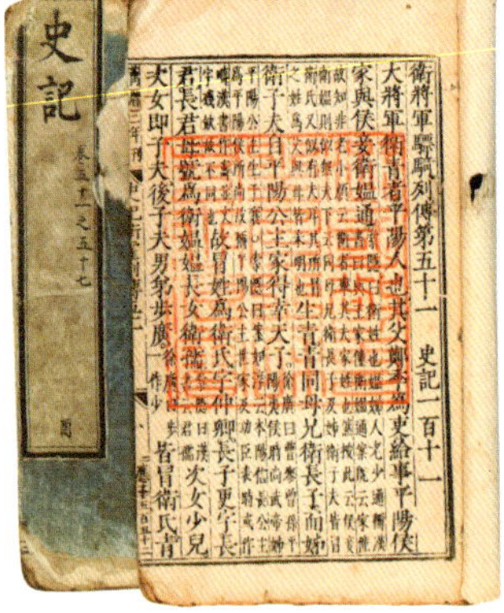

《史记 · 大宛列传》

汉武帝像

公元前127年卫青的漠北之战和公元前121年霍去病的河西之战，给匈奴以致命的打击，敦煌与河西走廊之后归入西汉王朝版图。

天才少年霍去病短暂的一生，本身就是一个奇迹。

他的生命，犹如一颗耀眼的流星，照亮过河西走廊的夜空。

霍去病，河东郡平阳县（今山西临汾西南）人。

他的母亲是汉武帝的姐姐平阳公主府的女奴卫少儿，她与平阳县小吏霍仲孺有了私情。

但这个懦弱的男人却不敢承认自己与公主的女奴私通，于是霍去病出生时的身份只能是私生子。

如果不出意外，霍去病的未来也将是平阳侯的家奴。

一代战神霍去病

然而，历史的发展偏偏就有了意外的转折。

建元二年（前141年），就在霍去病一岁的时候，他的姨妈、平阳公主府中的歌女卫子夫，貌似偶然地得到了汉武帝的宠幸。

从此卫家的命运开始了华丽的转身。

元朔元年（前128年），卫子夫母凭子贵，被封为皇后。

霍去病自幼精于骑射，虽然年少，却渴望杀敌立功，驰马北疆。

作为皇后和大将军卫青的外甥，作为汉武帝的侍中，他年少位尊，胆气内藏，深受武帝信任。

汉武帝想教他兵法，他却拒学：“顾方略何如耳，不至学古兵法。”

公元前123年，卫青将军领军发动漠南之战。

霍去病被武帝钦点为骠姚校尉，率领八百精骑。

从戎首战，初生牛犊，有如神助。

长驱直入数百里，突袭匈奴后方，斩杀匈奴两千余人。俘获匈奴相国、当户，并生擒单于的叔父罗姑比，勇冠全军，封为“冠军侯”。

元狩二年（前121年）春，汉武帝任命霍去病为骠骑将军，独自率领精兵一万出征匈奴，这就是河西之战。

这一战血腥至极。十九岁的统帅霍去病，以惊心动魄的无畏与勇气，六天中转战匈奴五部落，一万精兵仅存三千，斩敌八千九百六十，斩杀卢侯王和折兰王，浑邪王子及相国、都尉被俘，还缴获了匈奴休屠王的祭天金人。

远古时期，祭天是个大事。每个民族都有自己的图腾以及崇拜物，作为本民族的精神象征或精神寄托，极为重要，极为神圣。匈奴人每年正月都要在龙城的单于王庭祭祀天地

陕西咸阳茂陵博物馆内汉代石雕“马踏匈奴”

鬼神，祭天金人是不可缺少的供奉之物。单于专门把祭天金人交给势力强大的休屠王保管。失去祭天金人对匈奴人的打击不言而喻，举国震惊。单于极为愤怒，甚至准备斩杀休屠王、浑邪王。这也成为他们俩日后谋划降汉的一个重要原因。

《魏书 · 释老志》对收获祭天金人的佛教意义有说明："案汉武元狩中，遣霍去病讨匈奴，至皋兰，过居延，斩首大获。浑邪王杀休屠王，将其众五万来降。获其金人，帝以为大神，列于甘泉宫。金人率长丈余，不祭祀，但烧香礼拜而已。此则佛道流通之渐也。"

汉武帝忍不住对霍去病竖起了大拇指，亲自向全国通告了辉煌战果，并宣告屈辱的"和亲"从此画上句号。

这一战立了国威，扬了军威，也使美丽的汉家女儿们扬眉吐气了。

元狩四年（前119年），为了彻底消灭匈奴主力，汉武帝发起了规模空前的"漠北大战"。据说补给部队就有五十万，车马无数。

这场大战，完全可以算是霍去病的巅峰之作，也完全可以作为一个经典，使他名垂世界军事史。

在深入漠北寻找匈奴主力的过程中，霍去病率部奔袭两千多里，以一万五千的损失数量，歼敌七万多人，俘虏匈奴王爷三人，以及将军、相国、当户、都尉八十三人。

携非凡的胆气、豪气、杀气与运气于一身的霍去病，一路追杀到了今蒙古肯特山一带。在飞骑将军的铁蹄下，曾经强悍的匈奴人望风而逃。

霍去病在此稍作停留，率大军进行了祭天地的典礼——祭天封礼于狼居胥山举行，祭地禅礼于姑衍山举行。

随后，霍去病继续深入追击匈奴，兵锋一直逼至翰海（今俄罗斯贝加尔湖），方才回兵。

汉军所到之处，无不像秋风扫落叶，一片狼藉，一片萧瑟。

从此，"匈奴远遁，漠南无王庭"。

大汉王朝占领全部河西走廊，这片广袤、狭长的土地，从此归入大汉版图。

霍去病和他的"封狼居胥"，成为中国历代兵家人生的最高追求，终生奋斗的梦想。

而这一年的霍去病，年仅二十一岁。

莫高窟323窟“汉武帝获金人”

河西走廊

陕西咸阳茂陵博物馆

一将功成万骨枯。

这是一部铁血的历史，也是一部泣血的历史。

匈奴一族唯一流传至今的一首歌谣，就是一曲悲歌，一个绝唱：

失我祁连山，

使我六畜不蕃息。

失我焉支山，

使我嫁妇无颜色。

然而，就在大汉帝国已经习惯性地期待少年大将军再建功勋的时候，历史的诡异再次震惊朝野。

仅仅两年后，元狩六年（前117年），一代名将霍去病的生命戛然而止，永远定格于二十三岁的绝世风采中。

难道，上苍啊，你听见了匈奴人遍野的哀歌了吗？

陕西咸阳茂陵博物馆内霍去病墓碑

敦煌汉长城遗址

大汉帝国将河西走廊全部收入囊中后，元鼎六年（前111年），在敦煌设郡，与酒泉、张掖、武威并称“河西四郡”。

敦煌从此成为中原王朝经营西域的基地。

为了从经济上保证这一基地的巩固，汉王朝一方面从内地往敦煌大量移民，一方面征发军队来此戍守。

敦煌之北修筑了长城，西部设立了阳关、玉门关。

史称“列四郡，据两关”。

移民和戍卒在敦煌开荒屯垦，兴修水利，也把中原先进的生产技术和汉文化带到敦煌，经济得到迅速发展，为敦煌逐步发展为西部的军政中心和商业城市奠定了基础，也直接推动了敦煌社会文化的发展。

自此，揭开了历史上敦煌开发的篇章。

如果说霍去病是大汉帝国一匹疾速飞驰的战马，张骞就是大汉帝国一头坚韧不拔、忍辱负重、不畏艰辛的沙漠骆驼。

张骞，字子文，西汉成固（今陕西省城固县）人。生年及早期经历不详。

武帝建元元年（前138年），汉武帝欲联合大月氏共同抗击匈奴。

年轻的郎官张骞主动请缨接受派遣，向西域进发。

位卑未敢忘忧国，只是青年张骞绝对不会想到，此行一去，就是路途漫漫、环境险恶、困难重重的十三年。

武帝建元二年（前139年），张骞奉命率领一百多人，从长安出发。当他们来到河西走廊时，遭遇了匈奴骑兵

队，全部被抓获。

匈奴单于为了留住张骞，打消其出使月氏的念头，软硬兼施，甚至也采用“和亲”的方式，送给他一位匈奴女子为妻，既建立了亲情关系，又方便近距离监督他。

匈奴女子并没有接受过“情报员”的训练，一心一意地给予他真诚和温暖，并为他生了孩子。

但是，张骞“身在匈营心在汉”，没有沉湎于安逸的生活中。

他始终秉持着汉节，不忘自己的使命，保持着意志和决心。

莫高窟323窟“张骞出使西域图”

这一等待，就是十年余。

时光悠悠两千载，现代人已无法想象当时处于困境中的张骞，在消息绝无的情况下，在多少个夜深人静的时候，怀着怎样的心情，遥望北斗星，想念长安城，期待着未来。

但这十年间，张骞学会了匈奴人的语言，并详细了解了通往西域的道路。

至元光六年（前129年），他终于等到了逃脱的机会。

但是，西域的形势已经有了变化。

他顺应这种变化，但并不放弃，依然信心坚定，不畏艰辛，冒险西行，足迹遍及天山南北和中亚、西亚各地。

出乎意料的是，在羌人地区，他再次被匈奴骑兵所俘，又被扣留了一年多。

元朔三年（前126年）初，匈奴为争夺王位发生内乱，张骞趁机逃回了长安。

出发时的一百多人，回来时仅剩下张骞和堂邑父二人。

从武帝建元二年（前139年）出发，至元朔三年（前126年）归汉，历时十三年。

历尽千辛万苦、九死一生的十三年，成就了张骞的人生传奇，成就了一个“伟大的探险家”的传奇。

张骞出使西域，接触到西域各国的风土人情，使汉朝开始对西域各国有所了解，使汉朝与西域建立了友好关系，为后来西汉政府设置西域都护府，使西域正式归西汉政府管辖打下了基础。

他从西域引进的汗血马、苜蓿、石榴、葡萄、胡瓜等多种动植物，对于汉朝国力的扩充，以及汉民族农业、文化的发展，都有关键性的贡献。

公元前119年，对沿途各国有了亲身了解的张骞再度出使西域。

这一次，他带着价值巨大的金帛货物到了西域各国，开始了东西方最初的大型商贸交往。

从此，这条路线被作为“国道”踩了出来。

一骑绝尘。

张骞以其信仰执着、目标明确，集智慧与个人魅力于一身的完美形象被载入史册。

《史记·大宛列传》中司马迁给予张骞以极高的评价：“骞为人强力，宽大信人，蛮夷爱之。”

今天，人们称张骞为“中国走向世界的第一人”。

丝绸之路一词，最早来自德国地理学家费迪南·冯·李希霍芬1877年出版的《中国——我的旅行志研究》一书，得到众多学者的赞同。

1910年，德国历史学家赫尔曼在所著《中国和叙利亚间的古代丝路》中，对丝路做了进一步的文献考察，于是“丝绸之路”名称正式确立。

学者们认为，虽然丝绸之路是沿线各国共同促进经贸发展的产物，但中国的张骞两次通西域，开辟了中外交流的新纪元，并成功将东西方之间最后的珠帘掀开。

汉代丝绸之路自长安出发，经过河西走廊到达敦煌，继出玉门关和阳关，沿昆仑山北麓和天山南麓，分为南北两条道路。

南线从敦煌出发，经过楼兰，越过葱岭而到安息，西至大秦（古罗马）。

北线由敦煌经高昌、龟兹、越葱岭而至大宛。

坐落于陕西西安的“丝绸之路”起点地标群雕

汉唐之际，又沿天山北麓开辟了一条新路，由敦煌经哈密、巴里坤湖，越伊犁河，而至拂林国（东罗马帝国）。

赴西域的汉使和商贾们，沿着张骞凿空的道路，从长安出发，经武威、张掖、酒泉、敦煌，出玉门关，进入新疆分赴各国；西亚、中亚和欧洲的商队也通过这条道路进入中国进行贸易。

漫长的丝绸之路上，一派繁忙景象，上至王公贵族，下至乞丐囚犯，都在这条路上留下了自己的足迹。

由此，敦煌成为中西交通的枢纽要道，丝绸之路上的咽喉锁钥，对外交往上的国际都会，中原经营西域的军事重镇。

敦煌步入了“华戎所交一都会”的昌盛时期，成为丝绸之路上的一颗璀璨明珠。

“(敦煌)雪山为城，青海为池，鸣沙为环，党河为带；前阳关后玉门，控伊西而制漠北，全陕之咽喉，极边之锁钥。”明代修撰的《沙州卫志》这样描述敦煌。

著名的敦煌学者季羡林先生说：“世界上历史悠久、地域广阔、自成体系、影响深远的文化体系只有四个：中国、印度、希腊、伊斯兰，再没有第五个；而这四个文化体系汇流的地方只有一个，就是中国的敦煌和新疆地区，再没有第二个。”

此后的一千二百年间，远离政治中心的敦煌地区，持续地保持了相对的社会安定。

作为重要的商品交易中心和粮食生产基地，历经了封建社会鼎盛时期汉风唐雨的洗礼，其文化之繁荣，经济之发达，为敦煌留下了蔚为壮观的文化遗产和为数众多的历史遗存，

张掖山丹马场

如莫高窟、榆林窟、西千佛洞等灿烂的历史文化遗产。

今天的莫高窟，是世界上两个符合世界文化遗产全部六项标准的文化遗存之一。

世界文化遗产“丝绸之路——长安至天山廊道”中国的七处遗产点，敦煌区域独占玉门关、悬泉置、锁阳城三处，玉门关、阳关更是丝绸之路上的重要门户。

根据现代心理学家的理论，人类生存的需要呈现出阶梯状。

在满足了不同层次的需要之后，就有可能出现更高级的、社会化程度更高的需要。

简单地说，生活安定、优渥的敦煌人开始思考诸如我是谁、我从哪里来、我到哪里去等等高大上的终极命题。

反映在现实社会中，就是对哲学、对宗教的热情。

安西锁阳古城遗址

敦煌雅丹地貌

在这种思潮的土壤中，各种文化开始发展。

中原文化能生根和发展，儒家经典能得到传播，产生于印度的佛教文化也开始流行。

十六国时期，群雄逐鹿中原，战火四起，百姓流离失所，处于水深火热之中。

河西相对稳定的社会环境，吸引着中原大批硕学宿儒和百姓纷纷背井离乡，逃来避难。他们给敦煌带来了先进的文化和生产技术；但是，战争的阴影始终如影随形笼罩于心头。

社会的动荡、现实的苦难，他们无法解脱，便开始

乞求神明的保佑，拜倒在“佛”的脚下，期望过上幸福、安定的生活。

是的，人，总是要活下去的。

这使得自汉魏时期就传入敦煌的佛教，借此东风开始了空前的兴盛。

一大批佛学高僧在敦煌讲经说法，河西各地的佛门弟子也多来此地研习。如世居敦煌的译经大师竺法护、前往印度学习佛法的敦煌人宋云等。

法显、鸠摩罗什等佛学大师，无论东进还是西去，都在敦煌留下了他们的足迹。

古往今来，东来西往的驼队络绎不绝

作为中西交通、贸易南北两道上的分合点，敦煌是东西方文明交汇的枢纽，其后也成为佛教东传的通道和门户，河西地区的佛教中心。

西来的僧侣、使节、商人步入中原时以此为最初的落脚点，东去的僧侣、使节、商人在此告别他们的故国。

前秦建元二年（366年），西行的游方和尚乐僔来到了敦煌——莫高窟诞生了。

至此，敦煌历史掀开了它最辉煌的一页。

敦煌莫高窟佛塔

莫高窟附近的塔称为佛塔，是高僧圆寂后存放骨灰、舍利子、经文的塔形建筑，不同朝代风格不同。道行修行高深的大德僧人塔形高大，上部环形层数也多。而不同年代的寺院经济状况也会在佛塔的精致高大与简单低矮上有所体现。

莫高窟的佛塔有藏经洞发现者王元箓的圆寂塔，大桥旁北边的塔是宋代的，桥东南方向的多是清代的塔，靠近洞窟较高大的塔是唐代的。

莫高窟咏

雪岭干青汉，云楼架碧空。
重开千佛刹，旁出四天宫。

瑞鸟含珠影，灵花吐蕙丛。
洗心游胜境，从此去尘蒙。

第二篇　解读莫高窟

石室寶藏

敦煌莫高窟前牌楼

公元366年某一天的傍晚时分，前秦和尚乐僔身着缁衣芒鞋、手持锡头禅杖，风尘仆仆云游到了三危山下的大泉河畔。

乐僔，男，出家人——这是现在能找到的关于这个“人”的唯一信息。

但他作为一个信徒，偶然地驻足停留，却从此化腐朽为神奇，让许多人找到了精神家园。

一千多年来，这片山崖吐纳着历史的呼吸，以其恢宏的气势，静静地守候在那里，等待着与它的守望者在任何时空点相遇。

画面展开来很有意思，不同的角度有不同的解读。

虽然这不是读历史的正确态度，但是，原本与神相遇的话题就没有唯一的标准答案。

无神论者看到的是科学。

即当一个人肉体的生存得不到基本的能量维持时，也就是在人疲惫饥饿至极时，大脑会出现幻觉。

镜头拉开，由远至近，场景中出现了主人公乐僔：

黄沙漫天的茫茫戈壁中，一个身影，身披袈裟、手持禅杖款款而来。

已是黄昏时刻，太阳快要沉落了，他环视着不远处的三危山与鸣沙山。

一天的奔波，又饿又渴，十分疲惫，他盘腿坐了下来。

身下是大泉河畔温暖的沙滩。

夕阳西下，金色的余晖映照在宁静的三危山上。

蒙眬中他蓦地抬头一看，眩晕——

金色的余晖映照在宁静的三危山上

他看见对面的三危山金光万道，放射出五颜六色的耀眼光环。

他毕竟是个修行的和尚，长期云游，希望找到一处适合自己修禅静虑的地方。眼前的自然环境，“实神秀之幽岩，灵奇之净域也。西连九陇坂，鸣沙飞井擅其名；东接三危峰，泫露翔云腾其美。左右形胜，前后显敞，川原丽，物色新”，真是一处修行宣教的好场所。

于是，他立即起身，安营扎寨，募捐化缘，请来工匠，在大泉河西岸的峭壁上开凿了一个用于修行的石窟。

宗教者看见的是神迹，看见的是神给予人类的昭示。

切换一下镜头：

苍茫的戈壁滩上，由远至近，一个身影越来越清楚。

他身披袈裟，手持禅杖，原来是云游的和尚——乐僔。

清癯的面容，瘦削的身形，看得出他的虔诚。

已是黄昏时分，太阳快要沉落在地平线上。

夕阳西下，金色的余晖斜斜地映照在宁静的三危山上。

他站在三危山下的大泉河畔，想在温暖的沙滩上歇息片刻。

看着眼前清澈的流水，他惬意地抬头远望，忽然奇迹出现了——

只见对面三危山上一派耀眼金光，霞光万道。

闪烁的光芒中，三座危峰的金光化作“三世佛”显出真容；倏地一晃，好似有无数菩萨在诵经说法，仿佛有千万身佛像向他显现。

金光明暗交替地闪烁着，又隐约看到飞天仙女在金光中飞舞：有的在散花，有的在弹奏乐器……

一心持戒修行、礼佛诵经的和尚被这佛国奇景炫惑

了——

这就是佛祖的启示吗？

这佛光照在身上，令他身心愉悦，疲惫尽消。

他欣喜若狂，对自己说，多少年来你苦苦寻求、顶礼膜拜的佛祖灵光不就在这三危山吗？还要更向何处？还要更待何时？

他认定这就是他风餐露宿所要寻找的圣地，认定这就是佛祖对他的选择。

于是，心怀对佛祖的敬畏与感恩，他立即开始安营

三危山下大泉河畔

扎寨，四处募捐化缘，请来工匠，在大泉河西岸的峭壁上开凿了一个用于修行的石窟。

毋庸置疑，只这一念之闪光，开启了璀璨的敦煌佛教石窟文化艺术，成就了一处举世无双的文化艺术瑰宝——敦煌莫高窟。

不知道过了多长时间，又有一个和尚从东至此，来到大泉河谷。

也是在一个傍晚时分，他看到了三危山上的“佛光”，看到了佛祖给予他的启示，也坚信这儿就是圣地。

就在乐僔首开的洞窟旁边，他又开凿了另一个洞窟。

——这个和尚名叫法良。

后来者也没有让两人失望，他们相继在此地开凿石窟，但自认道行都“莫高于此僧”，故名之为“莫高窟”。

莫高窟石窟群的修造，就这样于一千六百多年前，在这块沙漠腹地开始了。

关于敦煌莫高窟始建的记载，历史资料中只能找到不多的内容。

敦煌莫高窟332窟前室南侧原有建窟时立的“李君莫高窟佛龛碑”。据碑文记载，此碑为武周圣历元年（698年）立。碑云：

莫高窟者，厥初秦建元二年，有沙门乐僔，戒行清虚，执心恬静。尝杖锡林野，行至此山。忽见金光，状有千佛，遂架空凿岩，造窟一龛。次有法良禅师，从东届此，又于僔师窟侧，更即营建。伽蓝之起，滥觞于二僧。复有刺史建平公、东阳王等，各修一大窟。而后合州黎庶，造作相仍。实神秀之幽岩，灵奇之净域也。

敦煌文献 P3720号以及晚唐156窟前室北壁左上方还有一篇著名的《莫高窟记》，全文如下：

莫高窟记

右在州东南廿五里三危山上。秦建元中，有沙门乐僔，仗锡西游至此，巡礼其山，见

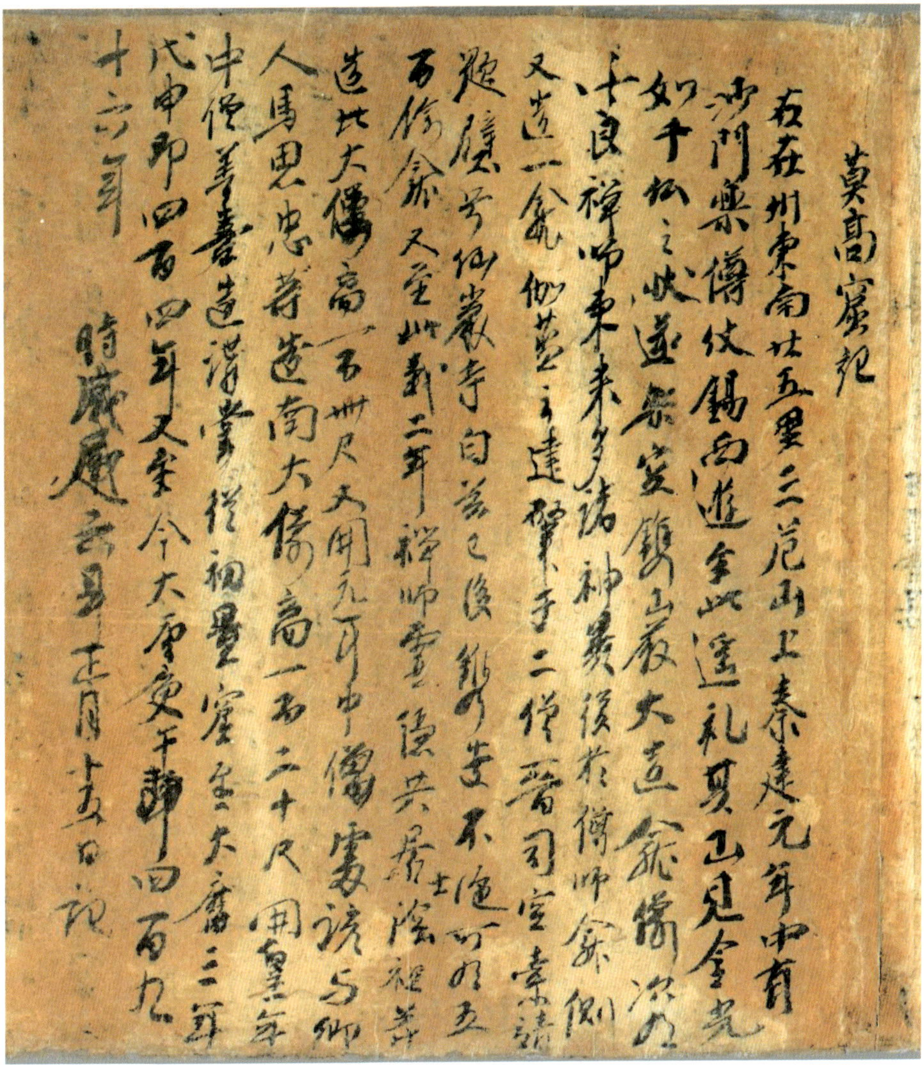

P3720《莫高窟记》

金光如千佛之状，遂架空镌岩，大造龛像。次有法良禅师东来，多诸神异，复于僔师龛侧又造一龛，伽蓝之起，肇于二僧。晋司空索靖题壁，号仙岩寺。自兹以后，镌造不绝，可有五百余龛。又至延载二年，禅师灵隐共居士阴祖等造北大像，高一百卌尺。又开元年中，僧处谚与乡人马思忠等造南大像，高一百廿尺。开皇时中，僧善喜造讲堂。从初量窟至大历三年戊申（768年），即四百四年。又至今大唐庚午（850年），即四百九十六年。

时咸通六年（865年）正月十五日记

莫高窟第268窟　禅窟

乐僔、法良所开凿的洞窟是哪两个，难以确定，一般推测可能是第268、275号两个洞窟。

其实，乐僔、法良所开之窟究竟是否仍在已经不重要了。

因为，他们用一双宗教信徒的眼睛，在平凡的生命中仰望出一个光明的佛国世界，将现实与未来完美结合，无论从形式还是内容，都创造出了一个世界，一个属于时代，也属于人类的世界。

因为他们的这一壮举，如黑夜中的一盏明灯，让人们从内心感受到了希望，也使众生平等、众生皆有佛性的理念深入人心，不仅被敦煌人民所接收，而且得到发扬光大。

——这就是最好的存在。

修行不在于数量，不在于长度。

也许，只需要一件事，便可功德圆满，流芳百世。

也许，西方极乐世界的大门从此因他们而洞开。

在当地政府的支持下，一代又一代的佛门弟子、达官贵人、商贾百姓都在这里捐资开

莫高窟第275窟　主尊交脚弥勒菩萨

莫高窟第275窟　尸毗王本生

莫高窟第275窟　阙形龛

窟，修建寺院。

洞窟的规模渐渐扩大。

僧侣们来来往往，香客、朝拜者络绎不绝。

三危山下的峡谷中响起了诵经的木鱼声，燃起了拜佛的香火。

丝绸之路的兴旺，佛教文化的交流，更为莫高窟的繁荣添砖加瓦。

此后历代，造窟不绝，到唐时已“计窟室一千余龛”。其规模所谓“洞上有洞洞下洞，洞中复向洞中搜……两魏隋唐观之遍，宋元西夏无遗留”。

莫高窟石窟的营造达到了极盛，凝聚了来自中原的汉文化，以及来自印度、西亚、中亚的文化，融合为闻名于世的敦煌艺术。

伯希和初次见到的莫高窟（摄于1908年）

鄂登堡考察队拍摄的莫高窟下寺照片（摄于1914年）

经过千载风雨的洗礼之后，莫高窟被冠以“东方艺术明珠”之名，是中国现存规模最大的石窟群，保留了十个朝代、历经千年的洞窟735个，壁画45000多平方米，彩塑2000多座，唐宋木构建筑5座；还有民国初重修的作为莫高窟标志的九层楼，莲花柱石和舍利塔20余座，铺地花砖2万多块。

壁画题材多取自佛教故事，也有反映当时的民俗、耕织、狩猎、婚丧、节日等多元内容。一千多年前的佛国世界，世俗生活，西域王宫的奢华，丝绸商旅的艰辛，历历在目。

作为艺术品，它反映了我国中古时代壁画彩塑技艺的重要成果，是中国和世界人类文化艺术的璀璨明珠。

这些精湛无双、精美绝伦的艺术珍品，被公认为是“人类文明的曙光”、世界佛教艺术的宝库。

莫高窟位于敦煌城东南鸣沙山东麓的崖壁上，前临大泉西岸，东向祁连山支脉三危山。

三危山，是剥蚀残山，山上无草木，岩石为暗红色，其中含有石英、云母等矿物质。每逢雨后，云遮雾罩的三危山时隐时现，扑朔迷离。若有夕阳反射，更是灿烂若金光。

虽不是名山大川，但它那粗犷雄健的气势，那惊心动魄的佛光山色，使人心旷神怡。

所以，地理学家认为，乐僔当时所见到的金光千佛，就是三危山自然奇景引发的幻觉。这种自然奇景，今天在三危山上仍可看到。

生活在千余年前的乐僔对这种自然奇景无法理解，他又是一个虔诚的佛教徒，当然把它完全归之于“佛光”了。而且佛家认为，只有与佛有缘的人，才能看到佛光。

正所谓“佛度有缘人”。

石窟原是一种佛教建筑形式。这种形式最早源于古代印度，至今印度还保存着著名的阿旃陀石窟、埃罗拉石窟等多处石窟寺。

佛教产生以后，作为日常工作，僧侣们要进行修行、说法以及各种佛教形式的活动。针对不同的需要，就产生了相应的寺院和石窟等不同的建筑。

寺院多建造于城市中，便于传播佛教教义。

而僧侣们的个人修行，却需要一个更为安静的环境。

佛教提倡遁世隐修，所以他们常常会选择距离城市不远的幽僻山林开凿石窟，一方面便于修行之用，另一方面也可以维持基本的生活供给，也使信众们去参拜时不至于太辛苦。

莫高窟距敦煌市25公里，有山，有水，有断崖，又安静，正是这样一个理想的地方。

从地域上看，佛教传入中国并不顺畅，南面高耸的喜马拉雅山脉阻隔了一切，成为难以逾越的天险。

佛教只能转道北上，伴随着石窟艺术从西域传入中国，这就是今新疆地区有诸如克孜尔千佛洞、柏孜克里克千佛洞等大型石窟群的原因，也是玄奘法师取经之时要从河西走廊经过玉门关进入西域的缘由。

敦煌作为中西文化交流的纽带，自然是最先接触到了佛教文化，从十六国时期这里就已经有了开凿石窟的活动。

因而，中国著名的石窟，如莫高窟、麦积山石窟、龙门石窟、云冈石窟等都集中在北方的河西地区与黄河流域，然后随着佛教的南传，在形式和宗派上发生了微妙的变化。

石窟与佛寺是两种主要的佛教建筑群形式。

从历史考古的角度来说，想找到保存至今的千年古刹已无可能，无论是自然腐朽还是人为的灭佛运动，都给佛寺带来了悲哀的结局。

能笑到最后，并且流传千古的，只能是这些坚不可摧的石窟群了。

这些石窟群有一个共同的特点——风景优美，离城市近，在古代是人们步行就可以到达的距离。

“山崖在人们的宗教生活与信仰中起着独一无二的作用。山是苍天与大地、伟大与渺小、人间与天界的连媒。”印度克里希纳博物馆馆长贝纳尔吉教授说。

山吸引了信徒们去修行，修行的人需要找到挡风遮雨避险的地方，山洞遂成了理想的场所，久而久之洞窟艺术便兴盛起来了。

印度学者约什先生则更详细地指出，佛教洞窟始于公元前3世纪阿育王治下的南赡部洲。沿海地区的修行者为了能够在雨季有个庇护所，便在岩崖上开凿洞窟。开始时一般是一个僧人在一个洞窟修行，后来慢慢出现了修一个大洞，里面再修若干小洞，或者一个地方修许多小洞，形成洞窟群，供多人同时修行。

在大乘佛教发展之后，以人为模型的佛像占据了统治地位，洞窟里面开始雕塑佛像，洞窟也由原来的人迹罕至之地，搬迁到距离村落城镇比较近的地方，逐渐形成寺院式的佛教活动场所。

这样的形式随着大乘的影响扩展，一路向东，一直传播到了中国，传播到了敦煌。

相传达摩西来，初到东土便大为赞叹："东土神州，好一派大乘气象！"

中国汉地佛教，自隋唐以来，一直以大乘佛教为主。

汉传佛教也事实上成为大乘佛教的主要发展与承传者，并弘扬到日本、韩国、新加坡等世界各地。

而北传佛教的另一支晚些时候传入西藏、内蒙古等地，形成藏传佛教。

近代，学界一般将大乘佛教专指汉传佛教。

据《隋书》记载，东汉明帝永平三年，汉明帝刘庄夜晚梦见一个头后有项光的金人，在宫殿上空飞来。

第二天他召集群臣占梦。

有一个叫傅毅的大臣说："我听说西域有神，其名叫佛，皇上所梦一定便是。"

汉明帝随后就派遣中郎蔡愔、博士弟子秦景等前往天竺寻访佛法。

后来蔡愔从天竺带回高僧摄摩腾、竺法兰及佛经四十二章，并开始在中国建寺、造像。

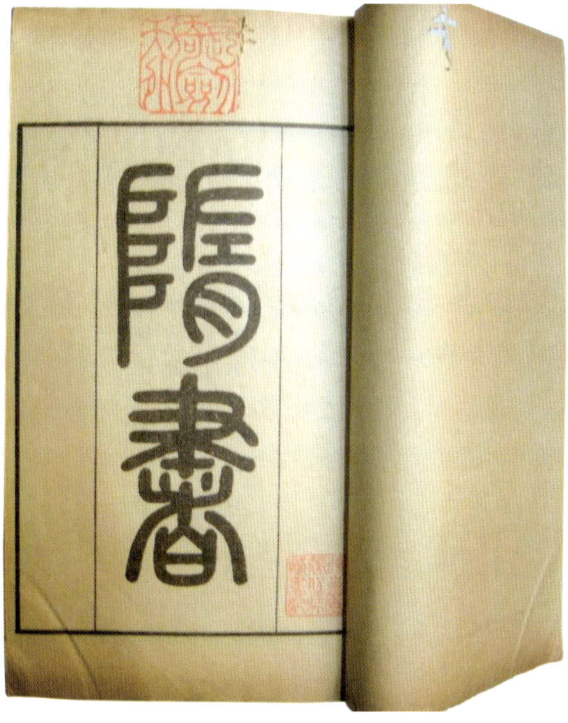

《隋书》

于是，佛教便传入中国。

《隋书》还有记载，公元384年吕光和姜飞奉皇帝苻坚之命，征服西域三十余国后请高僧鸠摩罗什东归传经。

当行至敦煌时，鸠摩罗什夜梦所乘的白马说，自己本是上界天骝龙驹，受佛祖之命，特送他东行。现已进阳关大道，自己将超脱生死之地，到葫芦河他将另有乘骑。

次日，鸠摩罗什醒来，白马果然已经死去。

当地佛教信徒遂葬白马于城下，修塔纪念，取名“白马塔”。

从这个故事中可以看出，敦煌，是佛教东传的第一站。

佛教东传，先到西域，而后传到河西、中原。

至今，清代重修的“白马塔”依然雄伟矗立、气势不凡。

位于丝绸之路咽喉之地的敦煌，宛如一个守门员，一个唯一不变的吐纳口，迎接着南来北往的旅人，也承载着东西文化的碰撞与交汇。

敦煌文献中有诗曰：“莫欺沙州是小处，若论佛法出彼处。”

但是，莫高窟所处山崖的土质比较松软，其岩质并不适合印度式的精细雕刻。

莫高窟崖体属酒泉砾岩，主要由卵石、积沙和钙泥胶结而成，处于半胶结状态。这种半胶结状态的砾石层在长期的地层自重压力下，仍在进行缓慢的固结作用，使砾石层大多坚实而稳固，能形成陡立的崖壁和天然拱，凿窟时亦能形成良好的洞室拱顶，有利于凿洞筑窟。但又因为其中夹杂有砂质，形成微层理结构，使得局部稍显酥松，无法进行精细雕刻。

有经验的工匠们与窟主组成了攻关小组，结合多日对洞窟规划处的砾岩崖体所做的分析，根据当地建筑材料的特性进行试验，也寻访了行业内知名的建筑师，提出了几种有针对性的施工方案，攻坚克难，终于找到了最适合本地的筑窟技术与工艺。

莫高窟石窟大体上采用了中国木构建筑的特点。

虽然是石窟，但在建筑中也仿照了木构的形式。石窟里面则用泥塑彩绘和壁画的形式进行营建。

彩塑以人工制作的木架为骨，束以苇草、外敷草泥，通过塑造和描绘的结合，表现人体的肌肤、面部的表情，须发的蓬松、服饰的质地。

在整治过的石壁上，涂抹二至三层草泥，通过布局定位，起稿、涂色、定形，完成壁画形象的绘画。在造

莫高窟第248窟中心柱南向龛西侧　菩萨

莫高窟第259窟北壁东起第一龛　佛

莫高窟第244窟北壁佛东侧　菩萨

莫高窟第332窟中心柱东面　彩塑一铺

莫高窟第197窟西龛内南侧　菩萨

莫高窟第159窟西龛内北侧　菩萨

莫高窟第384窟西龛内北侧　菩萨

莫高窟第194窟西龛内南侧　菩萨

莫高窟第196窟佛坛北侧　菩萨

莫高窟第45窟西龛内北侧　菩萨

型手法上，以中国传统的线描为基础，采用装饰性构图，工笔重彩的敷色手法，具有强烈的民族特色。

最终，莫高窟石窟艺术成为集建筑、彩塑、壁画于一体的综合艺术。

石窟建筑形制根据内容、功能之不同而定。

彩塑是石窟艺术的主体，崇拜的主要偶像，被置于石窟佛龛，或中心塔柱龛，或佛坛的显著位置，并与周围的壁画内容相连，色彩和谐。

壁画是敦煌石窟艺术的重要组成部分，适于表现复杂的场面和丰富的内容。

石窟的佛龛，四壁和窟顶，布满了色彩缤纷的壁画。与居于主体位置的彩塑互相辉映，相得益彰，共同构成了完整的石窟艺术。

现代人也许无法想象古代工匠是如何开凿洞窟的。

莫高窟第112窟　乐舞

莫高窟第332窟　阿弥陀佛五十菩萨图

天壽之寺
大佛光之寺

莫高窟第61窟 五台山图（局部）

莫高窟第409窟东壁北侧 西夏王妃供养像

莫高窟第130窟　都督夫人礼佛图

莫高窟第278窟西壁北侧　乘象入胎

莫高窟第249窟北壁下部　药叉

莫高窟第428窟东壁南侧　萨埵太子舍身饲虎

莫高窟第257窟北壁　须摩提女请佛赴会说法

莫高窟第217窟南壁佛顶　尊胜陀罗尼经变

莫高窟第299窟窟顶西披龛楣北侧　睒子深山奉亲被误射

莫高窟第361窟南壁　金刚经变　天宫院落

莫高窟第254窟南壁　萨埵那太子舍身饲虎

莫高窟第329窟　阿弥陀佛说法图

莫高窟第85窟北壁　贤愚经变　金天夫妇施以钱生天

以当时肩扛手提的营建水平，在没有爆破技术、金属工具也有所限制的条件下，开凿一个洞窟需要巨大的人力和财力。

从敦煌文书中发现的《营窟稿》看，一个洞窟从始建到完成，一般需要经过整修崖面、凿窟、绘制壁画塑像、修造并装饰窟檐或殿堂等程序。

石窟的营造者大致分为三类：窟主（即洞窟的功德主）、施主（为建窟出钱出力的人）、工匠（石窟营造的具体操作者）。而工匠又按照实际需要分为石匠（打窟人）、泥匠、塑匠、画匠、木匠等。

莫高窟第130窟里有著名的南大像，洞窟高达27米。

唐咸通六年（865年）的《莫高窟记》记载："开元中僧处谚与乡人马思忠等造南大像，高一百廿尺。"

《瓜沙史事系年》记载："开元九年僧处谚与乡人马

莫高窟第130窟外景

莫高窟第130窟　南大像

思忠等发心造南大像弥勒，高一百廿尺。”

这两条记载说明，此窟开凿于唐开元九年（721年）。

20世纪60年代曾经在该窟的顶部壁画地仗层与崖体之夹缝间，发现书有“开元十三年（725年）”题记的发愿文幡一条，说明凿好这座大窟用了4年的时间。

但是，洞窟凿好只是框架部分工程的完成，其后，还有一系列的细致工作做完才意味着一座佛窟的完工。研究人员从130窟甬道所绘的供养人像推知，此窟最后完成是在唐代设立晋昌郡的天宝元年（742年）至乾元元年（758年）间。

也就是说，这一大窟从开始在崖面上开凿石洞，到塑像、彩绘壁画最后完工，总共耗时三十年左右。

所以，后来在莫高窟崖体的石壁上凿洞开窟的，已经不仅仅是僧侣们了，更多的是世俗人士为了消灾祈福，以个人或家族名义出资开凿。

原本修行用的陋室为繁复的佛窟所替代，而且数量越来越多。

历代虔诚的供养人——出资者、修建者、有名望者根据当时对佛的理解和崇尚，修建了风格各异的洞窟。而其中的大型洞窟，多数由豪门大族出资开凿。

这种现象，也是一抹根深蒂固的、浓烈的中国特色。

供养人就是出资建造石窟的人。

为了表示虔诚信佛，留名后世，他们会在窟内画上自己和家眷的肖像或出行图。

莫高窟石窟有成千上万个供养人画像，其中一千多条还保存有题名阶衔。

莫高窟第130窟甬道北壁　晋昌郡都督供养像

莫高窟第130窟甬道北壁　晋昌郡都督供养像

留下记录的供养人都是有名有姓的真实人物，包括僧尼居士、王公贵胄、高官军将、世家大族、士庶百姓、画师塑匠、仆婢倡优、西域国王或王子、商旅，等等。

在莫高窟的壁画上，仿佛是打开了尘封的历史人物图，既可以看到河西和瓜沙节度使张议潮、张淮深、张承奉、曹议金的供养像，也可以看到于阗国王李圣天、于阗太子从连、于阗公主、甘州回鹘公主的供养像，还有吐蕃持钵僧、扫洒尼姑以及愿意“舍贱从良”的奴婢母女的供养像等。

这些供养人像和题记，承载了浓厚的记忆，生动、丰富、真实地提供了历史状况和历史线索。

早期的供养人像只是在洞窟脚下占据极小的位置，密密麻麻地排在一起。

后期的供养人像不仅越来越大，甚至超过真人大小，而且越来越清楚，越来越漂亮。

莫高窟第156窟是一座大型石窟，约开凿于公元865—867年，又名张议潮窟，为敦煌晚唐的代表性洞窟之一，是时任河州刺史的张淮深为其叔父张议潮所造的功德窟。

功德窟，也被称为“家窟”。每一座家窟都有属于他们自己的历史。

第156窟之南北壁及东壁南北两侧的底部分别绘有壮阔的长卷式《张议潮统军出行

莫高窟第98窟　于阗国公主供养像（仿描）

莫高窟第12窟　女供养人

榆林窟第2窟　回鹘国王王妃供养像

莫高窟第9窟　贺氏等供养人九身

莫高窟第108窟甬道南壁　曹议金父子供养像

莫高窟第61窟　曹延禄姬于阗公主供养人像

莫高窟第98窟　回鹘公主

图》和《宋国河内郡夫人出行图》。宋国河内郡夫人即张议潮夫人广平宋氏。

男主人出行图表现的是张议潮统军南征北战的疆场情景，女主人出行图所展示的则是主人及其随从的游乐场景。

两幅出行图呈现的是两个截然不同的世界。

《张议潮统军出行图》可看作是历史功绩的记录，男人们用征战杀戮来建功立业。

《宋国河内郡夫人出行图》则是男人们功业成果的展示，一方面是他们的家眷享受着的荣华富贵，另一方面也反映出社会的稳定繁荣。

从画面氛围看，前者肃穆严谨，后者欢快轻松，恰恰构成鲜明对比。

莫高窟第156窟　张议潮统军出行图

它们被称为敦煌壁画出行图中之双璧，为敦煌壁画中最大、最经典的出行图。

然而，就其所反映的内容看，已经与佛教以及佛经题材没有直接关系了，只是以供养画的形式而将供养人张议潮和夫人及其随行者们栩栩如生地展示了出来。

伫立于张议潮大幅“彩色全家福”面前，恍然是从那遥远而不可及的年代，穿过层层云雾，掠过空气的尘埃和时光的斑驳，走来了没有归途的威仪赫赫的凯旋之师，两队人马也带来了他们拥有的激情和辉煌，光荣与梦想。

而功德窟成为大家世族宣扬个人与家族声望的媒介与场所的风气，真实地反映了中国式佛教特点中的入世倾向、世俗化倾向。

宋國河內郡夫人宋氏
出行圖

莫高窟第156窟　宋国河内郡夫人出行图

外来文化逐渐渗透，并且与汉族文化相融合，最为突出的例子就是佛教。

佛教传入中国之初，并不是后来表现出的与中国本土文化水乳交融、相得益彰的契合局面，而是一开始水土不服，继而经历了磨合、改进与演变的过程。

佛教起源于公元前6世纪的印度，其创始人是乔达摩·悉达多。因为他是释迦族人，故又被称为“释迦牟尼”。

释迦是种姓，牟尼意为寂默，亦有大智之意，喻为圣人。

他成道后被称为“佛陀”，简称为“佛”，意译为“觉悟者”。

所谓“觉”，是指对人生真谛、解脱人生痛苦的正道与生命本真价值的彻底觉悟。按照佛教典籍的描述，一方面，佛已达到“正觉、等觉、无上觉”的三觉圆满。不仅自己大彻大悟，而且帮助他人觉悟。“自觉觉他”是大乘佛教的宗旨。佛教门徒又尊称佛陀为“世尊”，意为佛“举世独尊”。另一方面，佛教认为，每个生命都具有潜在的佛菩萨那样的高尚品质，也就是众生本具的佛性。因此，众生是平等的，包括所有的植物、动物，在佛的面前都是平等的。

大约在两汉之际，也就是公元1世纪，佛教传入中国。

佛教传到中国之后，最开始也是按照它的教义，不承认有权威，不承认有皇帝。

这与中国传统文化格格不入。

有一段时间佛教有庙、有自己的经济来源。

这与中国社会原有的经济结构发生了矛盾，与中国封建王朝也发生了矛盾。

当时的中国社会，有一个被根植于民众血脉之中的观念——普天之下，皆是王土；四海之内，皆是王臣。而印度来的佛教，竟然不按这个节奏唱曲儿，想在天子的地界儿上为自家辟出一个独立王国。别说是统治者们了，就是许多普通老百姓也不答应。

而且，中国传统社会不仅崇拜皇权，还有很浓厚的家族观念。最浅显的也是最深入人心的常识就是君臣与父子关系都是神圣的、不可僭越的。

所以，佛教遭到了尖锐的反对。

第一条理由是“沙门不敬王者”。

第二条理由是“沙门不敬父母”。

……

种种理由，甚至导致了毁佛、灭佛、禁止佛教活动、没收寺院财物、强迫和尚尼姑还俗、不允许普通老百姓当和尚等极端行为。

历史上的“三武灭佛”，用残酷的事实为佛教在中国的发展历程增添了坎坷的悲剧色彩。

作为一种外来宗教，佛教在其衍变和拓展自己的生存空间时，必然受到当时中国社会的经济基础和上层建筑的制约。而当时中国社会所固有的那种“神权绝对服从王权”的政治特性，表明佛教这一宣扬出世思想的宗教文化根本无法游离于中国社会严苛的具体条件。

于是，佛教认清了形势，制定了新的传教纲领，一些思想观念开始向中国的传统文化靠拢。

原来相信众生平等的，现在不仅尊重皇帝，而且甚至把皇帝的地位拔高到了佛。

也开始重视祖先、孝顺父母了。敦煌文书中佛教的一些祈祷文、发愿文显示，做法事、还愿的时候，念的首先都是希望皇帝平安无事、国泰民安，其次是希望自己三代乃至七代的祖宗安安生生地在天国享受幸福。

这让官民都有了非常直观亲切的感受。

佛教不仅接受了中国传统观念的渗透，明白了“依国主”，则“法事立”，也接受了当时中国政府的管理。

佛教有管理和尚的僧官，和尚建庙要经过皇帝批准；和尚出家要有度牒，由官家颁发，才是合法的。

统治者掌握了对佛教的控制权，而佛教也得到了官方承认。

利益一致，就容易生出感情。

神权和王权，为了各自的发展走向合作，从此相伴共生于美好的人间。

而佛教在浩劫之后便能迅速复兴，也显示了其极强的生命力。

远离了其诞生地的印度佛教，以一种日益世俗化了的意识形态，在大陆的另一片土地上，完成了向中国式的佛教宗派、佛教思想、佛教信仰、佛教艺术的华丽演变，脱胎换骨。

这既成为佛教在中国传播的一个显著特点，也成为推动佛教汉化的客观原因之一。

佛教在其出生地印度走向衰落了。

取而代之的中国式佛教，反而成了北传佛教的主流。

然而，这种现实导致了此后的许多僧人，以依靠结交王公贵族而得名，没有多少人再愿意老死在山林禅房。

名僧道安说过一句名言："不依人主，法事难成。"

玄奘，俗名陈祎，洛川缑氏（今河南偃师）人，13岁出家，是唐代第一高僧，唐朝著名的三藏法师，汉传佛教史上最伟大的译经师之一，中国佛教法相唯识宗的创始人。

公元629年，玄奘从长安西游，历尽千辛万苦，到达印度。

公元645年，玄奘回到长安，带回经书657部。

657部经书，不谓不多，但其译经却有限。

十年间他与弟子共译经75部1335卷。其中重译的

榆林窟第2窟　玄奘取经图

榆林窟第3窟　玄奘取经图

还不少，如《维摩诘经》《阿弥陀经》《药师经》《十轮经》等，都是当时流行的佛经。

从玄奘放着百分之八十五以上新带回的佛经不去译，反而选择旧经重译一事来看，他译经时应该有为时所好的倾向。

一心向佛、舍身求法的唐代顶尖高僧玄奘，竟然也有一些迎合世俗的思想，的确令后人略感唏嘘。

任何有悠久历史的民族都有自己集大成的代表艺术，这种艺术不是哪一个人，或哪一个时代的创造，而是民族文化的传承和沉淀。

佛教从汉朝传入中国，到隋唐时期完成中国化的历程，中间是时光隔出的漫长曲折的四百年岁月。

一个朝代接一个朝代，汉晋文化艺术，北朝和唐宋美术流派，域外印度、中亚、西亚风格渐进的浸淫，多少达官文人画工笔墨的兴衰，在敦煌莫高窟汇集起来。

经过岁月层层累积的莫高窟石窟建筑、彩塑、壁画，随着时光的晕染，不仅迎来了它最辉煌的巅峰阶段，也成就了敦煌佛教文化艺术之美。

如今，上下排列五层、高低错落有致、鳞次栉比，形如蜂房鸽舍，南北全长1680米的莫高窟，被誉为东方世界的艺术博物馆。

这是我国乃至世界现存规模最宏大、内容最丰富、保存最完整、艺术价值最高的佛教艺术宝库。

从最晚的西夏壁画开始算，那些珍宝最短的生命也有近千年的历史了，更不用说那些保存到现在的南北朝、隋唐的壁画雕塑，全都在一千六百年以上。

多达45000平方米面积的壁画，就像精彩的录像带，记录下了中国中古文化大量珍贵而翔实的画面，无声而有形地再现了敦煌当时生动的文化景观，以及敦煌地区人们的生活百态。也使后人在历史与现实之间、朦胧和清晰之间，真切地接收到了可靠的信息。

泥土塑造、颜料绘制的东西，能够保存这么长久，真该感谢造化之功。

那些给莫高窟留下如此巨量艺术作品的画师和工匠们中间，隐潜了许多真正的艺术家。

遗憾的是，竟然只有极少部分的笔墨，记录了他们。

正是这些优秀而又伟大的无名者们，为后世留下了辉煌的丝路文明图像。

“劝君更尽一杯酒，西出阳关无故人。”

唐代诗人王维的这首西北边疆送行诗，道出了当时阳关以西穷荒绝域的景象和万里长途跋涉的艰辛寂寞。

敦煌这个小城，伴随千里河西，约从公元4世纪开始兴盛。

自元朝以后，丝绸之路逐渐失去光彩，莫高窟石窟艺术也戛然而止。

1402年，明军占领敦煌。

不久，修筑嘉峪关，将敦煌居民迁移到嘉峪关以东。

明朝政府放弃了包括敦煌在内的嘉峪关以外的土地。

敦煌也退出了历史舞台，从此开始沉寂于茫茫的戈壁滩中。

大约是1897年的一天，一个瘦小的已近天命之年的道士，走在冷落、荒芜的佛教圣地——敦煌三危山的土坡上。

他就是王圆箓。

几年后，这个不起眼的道士，用自己的大名，也用这片土地，震惊了世界——他发现了藏经洞。

南北全长1680米的敦煌莫高窟

“丝绸之路”的交通要塞——嘉峪关

嘉峪关是古代丝绸之路的交通要塞，是明代万里长城的西端起点，是明长城沿线建造规模最为壮观，保存程度最为完好的一座古代军事城堡。嘉峪关位于甘肃省嘉峪关市西5公里处，城关两侧的城墙横穿沙漠戈壁，北连黑山悬壁长城，南接天下第一墩，历史上曾被称为“河西咽喉”，因地势险要，建筑雄伟，有天下第一雄关之称。

山丘以波浪的姿势起伏
洞窟静静地依偎着
一弯一弯

脚下
是沙地
是道路
是花园
是游人们穿行的线装书脊

时间成页成册

第三篇　揭秘藏经洞

莫高窟第16—17窟甬道

百千万年前将嶙峋的鸣沙山东麓削成陡峭崖壁的奔流激荡的大泉河，早已安静成一条涓涓细流，时有时无地回忆着昔日的澎湃。

大泉河畔，安安静静矗立着一些榆树，更多的是被誉为北方农民象征的具有极强生命力的白杨树。

一株株、一排排伟岸的白杨树傲然挺立，或在广场上遮阳辟荫，或隔出宽宽的道路，随处可见。

质朴内敛严肃的外形，依然有着哨兵的风采。

这些“哨兵”，也静静地守候着安眠中的王道士。

最早在莫高窟前种下白杨树的，正是道士王圆箓。

为防风固沙，他从新疆引进了当时被称为“新疆杨”的白杨树，种植于莫高窟前。

当20世纪40年代首批保护者们骑着骆驼、赶着牛车，穿过漫漫戈壁滩来到莫高窟时，意外映入眼帘的

王圆箓种的白杨树

王圆箓的墓塔和墓志

就是那些已经合抱不住的在西北地区极普通的高高的白杨树。

坚强不屈、顽强生长的白杨树，暗合了保护者的决心。此后，他们也在窟区广种白杨树，以致成为一道亮丽的风景。

与高大挺拔的参天大树相对应的，是仿佛代表王圆箓瘦弱身躯的简朴、矮小的道士塔，也静静地守候在窟区的广场上，接受着后人们复杂目光的洗礼与考研。

对于王圆箓与藏经洞的关系，有名人用了一个极精辟生动的句子来概括——小人物的大发现。

这个“小”字，可能有两方面的含义，一是地位的卑微，一是见识的浅薄。

但是，当一层层拨开历史的迷雾，真相日益凸显的时候，事实证明，那些大人物们并不像小人物所期待的那样有见识，那样有智慧，甚至是品格。

因为，那个时期卑微的王道士，六神无主，他比任何人都希望能有官高爵厚、见多识广的大人物给他一个指引，给他一个决定。

然而，没有。

历史也没有假如。

如果一定要用一个假如，假如真的如王道士所愿，他的求助有应答，那么藏经洞的历史，就不是现在所知道的模样了。

门外读史，不为研究，仅是了解。

首先可以断定，王道士是一个穷人家的孩子。

因为他前半生的成长与生活经历，没有清楚明确的履历，没有查考出一处可以被称之为是他的家园的地名，也没有人以血亲或姻亲之名与他相连。

王道士，本名王圆箓，也有文献称为王园禄，法号法真。原籍为湖北麻城县。约生于道光三十年（1850年），卒于“民国”二十年（1931年）。

据《麻城县志》载，清咸丰六年（1856年）夏，麻城大旱，庄稼几无收成。

幼年的王圆箓受生活所迫，离乡背井，辗转流落至甘肃酒泉。

四处漂泊期间也许在陕西汉中还落过脚，所以，他偶尔也会说自己是汉中人。

光绪初年时，他有机会进入肃州巡防营，成为一名兵勇。

晚清时，肃州是甘肃的道教活动中心之一，当地道士习惯于在驻军士兵中间传播道教教义，也十分热衷于占领那些空无僧侣的佛教石窟寺，改建成道观。

也许王圆箓便是在肃州服役期间皈依道教的，也接受了简单的识字培训，重要的是构筑了他的世界观。

这成为他日后生活的基础，成为他自主择业的职业取向，以及终生奋斗的目标。

也许为解决衣食问题，也许真的有信仰，从巡防营退役后，原本就无家可归的王圆箓

王圆箓　藏经洞的发现者

就地蓄发受戒成为道士。

从此，“道士”成为对他最响亮、最具权威性的称呼。

当然，他还有一个正式的道号，叫法真。

王法真开始了他的游方生涯，职业首行是远游新疆。

因为战乱，他又离开了新疆。选择再次回到他梦开始的地方，这个比他的家更让他熟悉的地方——敦煌。

这段时间其实也没有具体确切的信息，无法追寻出他的足迹。

只是，当他踏上三危山嶙峋不毛的黄土坡时，已经是年近五旬的半老之人了。

兵荒马乱的环境和日渐衰落的体力，已不再适合风餐露宿的云游生活。特意选择在莫高窟定居，也未必不是事实。

从后来王圆箓在莫高窟的经营看，他其实是一个有处世经验、有决断力的人。

在定居地的选择这样重要的事情上，不大可能是信马由缰的结果。

而且历史已证明，这是一个极正确与幸运的选择。

1879年，匈牙利施切尼伯爵的考察队曾到过莫高窟，初入时印象最深刻的就是那一处美丽的小绿洲——“僧院基本上位于峡谷的内部，被绿色的树林环绕着，临近一条流水

雷音寺所在的位置（摄于1914年）

皇庆寺所在的位置（摄于1914年）

声很大的小河”，而且“在那片狭长谷底的土地上，还种植着各种蔬菜和花卉”。

同年，俄国普尔热瓦尔斯基考察队，也来到了莫高窟——“进入溪谷后，突然出现了一片意想不到的榆树林，中间贯穿着一条漂亮的小河，流水潺潺”。

由此可看出，莫高窟的小环境十分秀美，绿影婆娑，小河弯弯，静谧如世外桃源。

虽然比起鼎盛时期，已萧条异常，但因为有百姓的供养，寺院的香火依然能够接续。

重要的是，莫高窟里还有许多无人认领的佛窟。

王道士到达莫高窟的时间约在1897年左右。

其时，莫高窟一带分为上、中、下三座寺庙。上、中两寺为藏传佛教喇嘛常住。

以佛窟为主体的下寺由于无人看管，久已荒废。西北风的长年吹打，流沙不断从窟顶滑落，淤阻了洞口。有的洞门已经被掩埋起来，有的甚至被贼匪烧损。萧条破败，不堪入目。

王道士就在下寺选择了可以遮风避雨的342窟住下了。

漂泊半生的他以无比的诚意在莫高窟安定下来，以绝对的诚心认定下寺为家。

他要在这个动荡的社会中，过出一个安稳的人生来。

他以主人翁的精神，积极主动地着手清理流沙、扩大水源、整修破损洞窟，并四出募化、收受布施、供奉香火，以化缘为生，以看管莫高窟为己任。

下寺所在的位置（摄于1914年）

当时，正是四月初八浴佛节的前后。

敦煌县城的人们倾城而出，聚集于莫高窟，一边拜佛许愿，一边开庙会。

虽然浴佛节的主办方是上寺的雷音寺，但这使初来乍到的王道士有了大显身手的好机会。算命、看相、解梦、念咒、观风水，这些道家的基本技能使他如鱼得水，大受香客们的欢迎。

现代人常说，机会是为有准备的人准备的。

百年前的王道士已经用行动实践着这个真理。他很快就打开了局面，取得了信任，在莫高窟站稳了脚跟。

这是因为与上寺、中寺的喇嘛们相比，他的确具备优势。

王圆箓最早居住的两个洞窟。左为莫高窟第342窟，右为莫高窟第344窟

来自青海的喇嘛僧经常光顾莫高窟

喇嘛们只是诵习藏文佛经，并不识汉文。

王道士虽然斗大的字不识几个，但毕竟能读懂道经，又会说汉语，与信众容易沟通。他以忠厚、质朴、诚信的表现赢得了喇嘛们和信众们的敬重。

良好的口碑通常是获取更多捐助的关键。

因此，作为莫高窟唯一的道士，他有了基本稳定的收入。

小有积蓄后，王道士迅速展现了对局面的把控能力。

他一方面开始招收徒弟，使下寺势力逐渐壮大，摆脱了自己驻寺时间短、资历浅等被动的身份标志，与上寺、中寺的喇嘛逐渐形成了三分“天下”的局面。

另一方面便琢磨着实现自己的理想，完成把下寺那些被遗弃的或坍塌的佛教洞窟改造成道观太清宫的心愿。

他过着异常清苦的日子，节省每一笔开支，却逐渐在扩展地盘。

心愿实现得很慢，是因为钱实在来之不易。

在地广人稀的敦煌地区，在方圆40里人烟稀少的莫高窟周边，化缘和募捐都是异常艰苦的工作。

但是，王道士以其吃苦耐劳的行为、虔诚执着的宗教信仰坚持着。

老辣而务实的人生态度，奠定了在藏经洞发现之时，他能“公然以‘莫高窟住持’的身份自居”而成功排挤了喇嘛们的基础。

从1897年开始，刚刚从战乱创伤中恢复过来的敦煌商绅，发起了一场声势浩大的由敦煌商人戴奉钰首倡的莫高窟大修工程。

被王圆箓改造成道教祭坛的莫高窟第344窟（伯希和考察队摄于1908年）

由于风吹沙埋、年久失修，再加上人为破坏等各种因素，莫高窟各窟毁损严重。

周围的信众不忍心看到佛教圣地凋敝的现状，纷纷出钱出力对其进行修葺，其中也有对莫高窟九层楼的修复计划。

敦煌特殊的地理环境，使得修复工作艰辛不易，工程大，耗时长。

时断时续的修复活动，自道光年间开始延续到民国时期，长达九年。

王道士到来后，也积极参与进来，并将自己的小计划融入莫高窟大修复的工程中。

莫高窟依山而建，当地常年吹拂的西风将鸣沙山麓的黄沙吹下，下层洞窟多被掩埋。

清除堆积在石窟内的黄沙，通常是进行修窟补佛工作的第一步。

王道士主要承担的是对莫高窟三层楼的流沙清理项目。

三层楼正面（摄于1914年）

三层楼侧面（摄于1914年）

三层楼近影

莫高窟三层楼，洞窟编号为第16、365、366号。

最早被称为“三层洞”。

因清光绪三十二年（1906年）由王道士主持，在窟前倚崖统建了华丽的三层木构窟檐，故其后俗称“三层楼”。

三层楼甬道南壁有王道士为表其修三层楼之功德而建造的木碑。

这应该是卖经卷的成果。

莫高窟第16窟为莫高窟大型洞窟之一。覆斗形顶，中心设马蹄形佛坛。建于唐大中五年至咸通年间（851—867年）。

窟主为晚唐河西都僧统吴和尚。

该窟的上层为第365窟（七佛堂），顶层为第366窟，均为吴和尚独立开凿的系列窟。

王道士于16窟甬道北侧发现藏经洞，被编号为第17窟。

因此，三层楼也是为数不多的窟中窟。

那段时间，王道士正谋划着在16窟北侧改建太清宫，而此时又由他负责此处的清沙工作，所以，他格外重视。

大约两三年的时间里，他工作的重心就放在下寺北面这个僻静的地方。

他不仅雇用了几个帮手清理16窟入口处的沙土，还雇了一位名叫杨河清的书生专门帮他抄写经书。

冬春闲暇时，抄写道经以备发售；夏秋之时，朝山进香者络绎而至，接待香客、兼收布施、售卖经文、登记入账等等工作，杨河清都是好帮手。

时间进入了电闪雷鸣般的1900年。新旧世纪交替的临界点。

入夏时分，16窟里的沙土，经过两年多时间的清理，终于扫空了。

王道士将前室整修一新，作为自己的新住所。

杨河清在洞窟甬道右壁处支起了香案用以抄经，案台上部的墙面上是西夏时期的壁画。

临门而坐，既能领略洞窟内的清凉，又能享受门外明媚的光线。太阳光散散地照在案子上，再小字体的经文也能看得清清楚楚。

疲倦时，他会点燃一根当地人都喜欢当烟吸的芨芨草。眯着眼睛吸一会儿，缓一会儿神，随手将燃余的部分插在壁画上的裂缝里，任它自然熄灭。

这天下午，对于杨河清来说与往日没有任何不同。初夏的阳光暖暖地照着大地，安静而阴凉的洞窟里只能听见经文纸的翻页声。

感觉有些困倦，像往常一样，他吸了一根芨芨草。

也许是太安静了，他觉得似乎还是少了些精神。

百无聊赖中他将手边几根没吸过的芨芨草也逐一排列地插在墙壁的裂缝里。

突然间，他清醒了，有几根芨芨草几乎全部插进了墙面里。

从莫高窟第16窟主室看到的藏经洞口

藏经洞北壁西侧和西壁北侧的现状（西壁上镶嵌有《大中碑》，靠近北壁处是张大千的题字）

他有点犯晕，这怎么可能呢？

试探着用手敲了几下墙壁，听到的是空洞的回声。

再试探着拨那裂缝处的土，竟能轻松地拨下来。

他不敢再行动，赶紧去找王道士。

王道士一脸凝重，有些狐疑，有些期盼，有些……复杂。

他重复了一遍杨河清的试探行为，默不作声，感觉事情有些大。

沉默了好一会儿，他对杨河清说，天黑了再说吧。

午夜时分，两人开始破壁。拨开外墙上覆盖的西夏壁画，内墙果然不是洞窟所应有的岩体，而是一堵砖墙。

把砖一块一块地取下来，竟然现出一个高不容人的小板门。

这一天，是公元1900年6月22日。

莫高窟第17窟，俗称藏经洞。位于第16窟甬道北壁，建于晚唐，与16窟是同时代开凿。原为晚唐河西释门都僧统洪辩的影窟。

窟内略呈正方形，每壁边长不足3米，壁高为2.5米，窟顶为覆斗形，全窟通高约3米，整个洞窟的容积约为22立方米。

靠近北壁地面上有一长方形低坛，是僧人习禅的禅床，禅床上有一座彩塑高僧坐像，高约1.2米。

西壁北端有一碑龛，内嵌石碑。碑文内容包括洪辩的告身、诏书和信物名牒三方面。此碑是唐懿宗咸通三年（862年）洪辩圆寂之后，由其门人弟子及家族人所立。

为纪念洪辩和尚而修的影窟，为何被封闭成了藏经洞？

查遍记载，没有看见任何可信的只言片语。

也对，史书通常是官方的话语平台，这恰好能证明封存藏经洞是民间所为。

发现藏经洞时也没有全息、红外等现代技术可用，无法知道有多少人参与或经手了这项伟大的事业。只是在十数个世纪之后，人们依然能感受到其中蕴涵的震撼人心的力量，以及无与伦比的智慧和勇气。

推测一下场景吧：

大难即将来临了，消息传遍了全城。

洪辩塑像及藏经洞北壁壁画

藏经洞北壁壁画的西侧，老树和近侍女

而且，几乎可以确定，这是一个灭顶之灾。

但是，没有群龙无首的慌乱，没有争相奔命的踩踏，人们表现出了惊人的冷静。

以莫高窟跟前的三界寺的藏经为主体，由专人负责，聚集起所有附近能收集到的上面有文字、画像的纸张布麻绢品等，放置于洪辩和尚的影窟中。

几个人将经卷印本仔细地用粗白布每十卷裹一包，整整齐齐地码放在影窟里，大些的绣像佛画则平铺于白布包之下，还有法器、铜佛等也充塞其中。

至紧至密，小小的洞窟除了空气，再也没有盈余的空间了。

然后，封门砌墙。

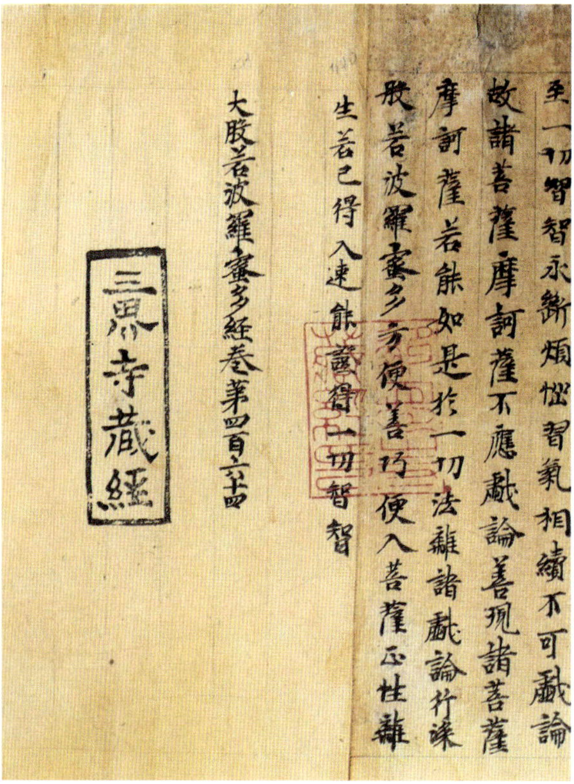

三界寺藏经印

整堵墙面依然从容、淡定地绘制巨幅壁画，用以掩饰。

没有留下任何记录，这些人从此没有了音讯，更没有了身影。

只是墙上的那幅壁画，告诉后来的人们，那是西夏时代的绘画风格。

再一次的回眸，世上已近千年，而洞窟一如当时当日。

这就是传说中的华夏之魂吗?

他们是与我们血脉相连的祖先，在这偏僻的西北一隅，在这游牧与农耕混合的多民族聚居区，却显示出超越时空的眼界与气魄。

这是一种信念吗？虽遥远但不陌生。

是的——

家园可以失去，但是知识不能缺失。

生活可以打乱，但是文化不能无序。

未来的世界没有我也行，但是人类智慧必须传承下去。

岁月的黄沙遮蔽了生命，却掩盖不住不朽的精神。

他们在这个世界没有留下一滴水的痕迹，却给人类留下了一片海洋。

这究竟是一片什么样的海洋呢?

小小地假设一下：

有一天，你在家中多年未动的库房中意外地翻出了一只箱子。尘封的印迹显示了千年的时光。忐忑不安中你打开了箱子，你看到了传说和意想中先祖物品的实证。也就是说，你想要了解的过去，里面都为你保存着——

家族的财产吗？有。珍藏的房契地契，来往的账目，生活的支出，劳动的获得。

宗教与信仰吗？有。海量的各种版本的宗教典籍手抄本、刻印本，寺院的文书。

文化教育吗？有。儒学经典、蒙学教材、诗词歌赋，甚至学子们写的情书、在学堂挨的训、幼童时的涂鸦你都能看到。

日常生活所用的日历、医药、占卜……

不，不，这样说不够。

这样说太狭隘了，远远不能概括出这片海洋的广阔。

还是用比喻来说明吧：

藏经洞的发现，对于人类历史的重要意义，犹如夜晚的星空腾空而起的五彩缤纷的焰火，它以立体的、多维度的灿烂，霎时照亮了中古中国的历史长河。

——它是20世纪中国学术史上最伟大的发现之一，重要性不亚于殷墟的发掘和流沙坠简的出土。

——它保存了从4世纪到11世纪上迄魏晋、下至唐宋的古代写本、经书、绢画、刺绣、铜佛像和法器等五万余件文物。包括古老的宗教经典、失传的儒家经典、稀有的文学与语言文字材料、丰富的历史地理资料、众多的社会历史文书、罕见的古代科学技术材料、绝佳的文化教育资料、精美的古代绘画真迹和古代少数民族资料等。

——它为研究中国及中亚古代历史、地理、宗教、经济、政治、民族、语言、文学、艺术、科技提供了数量极其巨大、内容极为丰富的珍贵资料。

藏经洞也照亮了王道士的人生。

他不曾想到，自己从此与许多响当当的大人物们一起，成为中国文化界名人。

而此刻，王道士正和杨书生一起，一捆一捆地腾挪着查看洞窟里的东西。

全都转挪了一遍，除了经卷就是文书，除了文书就是经卷，虽然还有一些铜像、法器，但是没有贵金属现身。

他把东西一捆一捆地又摞了进去，只是抽取了几册出来。

有些不甘心，琢磨了几天后，他又一次腾空了藏经洞。

依然还是藏“经”洞。

在当时的莫高窟，王道士算是见多识广的人物了，但是他判断不出这些古物的价值。

这并不影响王道士挟宝物而自重，从此升格为莫高窟的住持。

也得到周围民众的一片点赞，因为王道士医术的精进。

过去有了病痛，王道士会以香灰为药引让患者冲服，现在是用上千年的经文纸燃成的灰，药效堪比有文字的龙骨。

王道士并不满意，一洞窟的老古董绝不能只用来廉价地烧卖，它应该有更大价值。

他的直觉是对的，只是万万想不到，他因此成全了一门世界级的大学问——敦煌学。

在对抽取出来的几部卷子多日研究无果后，他又搬回了之前住过的342窟。

他做了一个决定——切换朋友圈，开启鉴宝模式。

接下来其实是一个简单的故事，因为事情起伏反转的核心自始至终就跳跃着两个字——价值。

但过程很复杂。

也许就像这个风云百年的很多事情一样，根本没法评价。

也许是涉及了众多的人和事，也许是在一个复杂的

莫高窟第342窟甬道顶　佛教感通画全图

时代背景下。

复杂到直至今天，依然能体会出历史的沉重来。

王道士首先向本地乡绅和布施大户发出鉴宝邀约。

考察完藏经洞后，一番讨论，乡绅们达成共识：先人们的功德物品，还是原地保存为妥，如有流失损坏，则是造孽、罪过。

给出建议：留在窟内为好。

但这并不妨碍他们个个携卷归去。

这显然不是王道士想要的结果。

自从来到莫高窟，面对蒙尘千年的塑像、壁画，他痛心不已，时常梦想着有一天能对这些洞窟进行一次大维修、大整改，重振香火。

他计划着要在这个佛教圣地植入道教元素，塑像一定要粉饰一新，旧貌换新颜；无主的洞窟一定要改建成自己心中的道教灵宫……

可是，这需要多么大的财力来支持啊！

虽“急力经营”，总是离他弘扬宗教的心愿还有很大的距离，这使他备尝束手无策之感。

每每这个时刻，他就睡不着觉。

现在，机会就在手边，可就是摸不着方向。

十万个怎么办在脑海中回旋着。

民间不看好，那就上报官府吧。

官员是国家精英阶层的代表，都是饱读诗书的博学之士，他们一定能对宝物有正确的判断和评价。

王道士怀着希望，晓行夜宿，徒步五十里路前往县城，随身携带了几卷经文做样品。

当时的敦煌县令严泽，也许是因为健康的原因，对未来不抱瞻望。看着这一堆发黄的文书，他说，这样的东西我县衙比这整齐比这干净的多的是，做甚用？

王道长一时语塞，怔怔而归。

1902年，敦煌来了位进士出身、谙熟金石的新县令汪宗翰。

王道长重振信心，特意选出一包精品写本及绢画前去拜见。

汪县令看过样品后，也确实感到惊异。他带领当地官绅们对藏经洞进行了“检点”，带走了大量挑选出来的经卷、绢画，但却没有留下任何具体指示，只是吩咐王道长善为保存。

作为下级，汪县令将手中的经卷、佛画挑选出几件，分数次寄赠自己的长官甘肃学政叶昌炽。主观上是谋求个人发展，客观上是传递了藏经洞的消息。

“长于金石、版本、校勘”的叶昌炽，收到经卷后，

叶昌炽像

斯坦因为王圆箓在《西游记》故事壁画下拍摄的照片

判断为唐物，感到震惊。他通过县衙又要了一些经卷。

王道士的双眸燃起了希望之光。

然而，识货的叶昌炽，除了利用对经卷做出的学术评价充实了他正在写作的《语石》一书外，另一个行为就是给甘肃藩台打了份报告，建议将文物运至兰州保存。

并无负责任的实质性保护建议和举措。

王道士闪亮的眼睛又一次暗淡了。

他决定越级汇报。

他雇了毛驴，备了干粮，挑了一些经卷，就着凌晨四点钟的天光，风餐露宿八百里，赶赴肃州。

他拜访的是他当兵时的老上司、安肃道台廷栋。

道台大人廷栋颇具书法造诣。他竟然只选择从自己擅长的领域对这些古卷来做评价，认为经文书法还不如自己写得好，应该无甚价值。

但是，这个结论并不影响他此后收藏了600多部卷子。

道台大人念老部下在盗匪出没中奔波数百里送经卷的辛苦，便将发现藏经洞的消息上报甘肃藩台，建议将这些文物运省城收藏。

甘肃藩台先后收到文武两位官员的报告。他以敦煌路途遥远、耗资巨大、银两难筹为由，1904年初给汪宗瀚发了一纸“就地封存，由王道士看管”的指令。

这个指令基本与乡绅们的建议处于一个水平。

1906年，敦煌又一任新县令黄万春到任，在向清政府学部呈交的《敦煌县乡土志》中，第一次向中央政府提到敦煌发现藏经洞之事：“县治南四十里千佛洞，光绪庚子孟夏，新开沙压佛龛，乃掘得复洞，内藏番汉佛典、铜铸佛像、纱绢绘造佛像。”

然而，这仅仅是一册地方志，而非正式报告。

虽万般无奈，但轻易不言放弃的王道士，又一次做出了越级汇报的决定。

他竟然给慈禧太后写了一封秘密奏折。

这大概是他所能做的最后努力了吧。

斯坦因像。摄于第二次中亚考察后

斯坦因到中国探险的护照

蒋孝琬像

可是，跨入新世纪门槛的大清王朝已处于风雨飘摇之中。慈禧太后试图向各国列强宣战，换来的却是八国联军攻占北京的后果。慈禧太后偕光绪皇帝及一干王公大臣仓皇出逃，“狩猎”西安。自此，清政府已是自顾不暇，日薄西山。

站立在遥远乡野之中大泉河边望眼欲穿的王道士，自然不知道大当家人的难处，但自己的失望却实实在在地又一次梗在心头。

他满脸困惑，目光呆滞，木讷中流露出的是对这个世界的迷惑。

藏经洞发现已是长达七年的时间了，这大概是王道士人生中纠结得不能再纠结、困惑得不能再困惑的最无助的时间段了吧。

终于，这一切因为一个洋人的到来，发生了根本改变。

每一个历史情节都不是孤立的，它们环环相扣，紧密相连。

每一个历史事件也不是诡异的，它们来有影去有踪，有迹可循。

鲁迅曾言：“当假的国学家正在打牌喝酒，真的国学家正在稳坐高斋读古书的时候，莎士比亚的同乡斯坦因博士却已经在甘肃新疆这些地方的沙碛里，将汉晋简牍掘去了；不但掘去，而且做出书来了。”

斯坦因掘去的不仅是汉晋简牍，他在敦煌莫高窟的收获更加震惊了世界。

1906年5月，为方便第二次进入中国西部考察，针对中国特色，斯坦因特意在护照上提升了职务，以“总理教育大臣”的身份一路畅通地来到新疆。

次年3月首次进入敦煌，本不打算多作停留，却意外地听到了藏经洞的消息。

他立刻调整行程，第三天便赶往莫高窟。

但王道士封堵了藏经洞，出去化缘了。

斯坦因全名马克·奥莱尔·斯坦因，原为匈牙利人，1862年生于布达佩斯的一个犹太人家里，后加入英国籍。

蒋孝琬（左二）伴随斯坦因（左三）在考察途中

早在德国求学期间，斯坦因就对东方学产生了兴趣。为追求自己的理想，他先后辗转于匈牙利、德国、奥地利、英国等地求学。

后来，斯坦因的人生目标又转向考古学。1900至1901年，他完成第一次中亚考察，满载而归，由此名声大震。

作为一名考古学家，他曾先后四次来中国西北考察。

虽然斯坦因不是第一个接触藏经洞文物的外国人，但他却是最早叩开敦煌藏经洞的外国人，并由此造成藏经洞文物的大量外流，也因此成为国际敦煌学的“开山鼻祖”。

此刻，正是斯坦因的第二次中亚考察进行中。

他临时调整行程，决心留在敦煌，等待王道士的归来。

这期间，他也没闲着。

他雇了一批工人，考察并发掘了敦煌西北的长城烽燧遗址，获得了大量汉代简牍。

1907年5月，等待了两个月的斯坦因，终于与王道士见了面。

二人初见，彼此并无好感。

王道士一看是个外国人，以为是八国联军的逃兵来到了莫高窟，马上提高了警惕：

在周围转一转？可以。

看经书？绝对不行！

斯坦因眼中的王道士，这个莫高窟的实际掌门人，身形矮小，腼腆、羞涩中带着狡黠。

斯坦因不懂汉语，他的中国师爷蒋孝琬——一位精通古物鉴赏的前地方政府文员，不会说英语，两人交谈用的是“突厥语”。蒋孝琬又用湖南方言同王道士交流。

但即使是他们三个人用三种语言进行交流，也丝毫不影响斯坦因这种国际水准的老江湖对付中国偏僻西北地区老江湖的优势。

眼界实在相距太远。

他参观了王道士的新建筑，即刻就有了准确判断。

作为语言天才，谈话高手，三下五除二，他就解除了王道士的戒备心理，以帮助兴修道观为突破口，还找到了他们“共同”的崇拜偶像——玄奘。

斯坦因阅览挑选藏经洞文物的地方

他甚至以一种近乎迷信的口吻说，正是唐僧的在天之灵将这些密室藏经托付给对佛经一无所知的王圆箓，以等候自己——一个从印度来的唐僧的崇拜者和忠实信徒。

王道士激动不已。

这个从印度横越峻岭荒漠、历经千难万险而来的洋人，居然也是他顶礼膜拜的唐玄奘的粉丝，偶像着他的偶像。

他终于可以和一个外国人好好谈谈唐玄奘了。

最终，王道士接受了斯坦因开出的条件，以4锭马蹄银（合200两银子）的代价卖了所有被斯坦因和蒋师爷选中的经卷、帛画，并且追加了60捆汉文写卷和5捆藏文写卷。

当斯坦因离开莫高窟时，经卷文书装满了24个大箱子，精美的绢画和刺绣艺术品等文

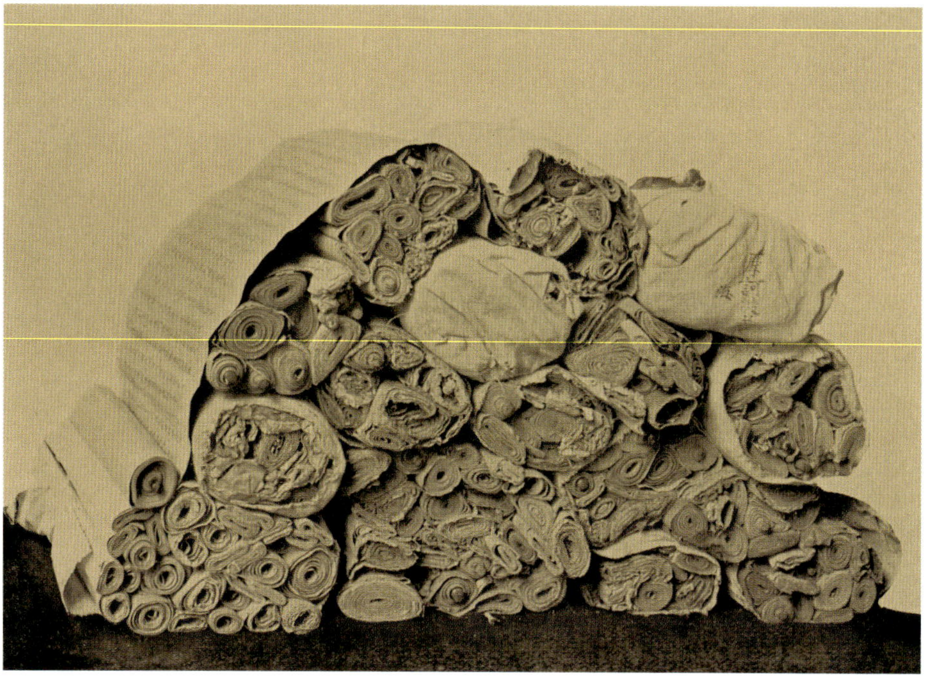

斯坦因挑选出来的经卷

斯坦因挑选出来的非汉文写本

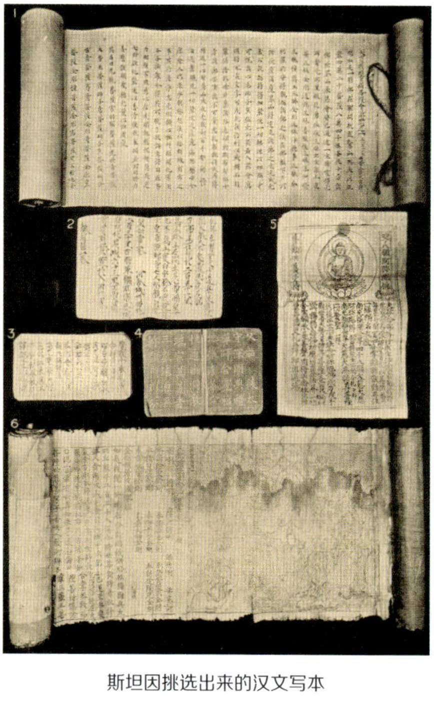

斯坦因挑选出来的汉文写本

斯坦因的行李车停在敦煌县城一寺庙前

斯坦因的驼队将藏经洞文物驮出了甘肃

物又装了5大箱。

1914年，斯坦因第二次来敦煌时，又以500两白银的捐献，从王道士手中换去570部汉文写卷。

这些卷子是王道士专门收集的，均为完整的长卷，价值极高。

由此，斯坦因成为获得藏经洞文献最多的人。

出席授勋仪式的斯坦因

斯坦因的车队在夕阳下渐渐远去，沙漠上留下了深深的车痕。

王道士心中无限惆怅，既失落，又惶恐不安。

他派人四处打探消息，了解人们有什么反应。

在县城里，农民们正在抗缴官粮，发起了暴动，焚烧了县衙。

而偏僻的莫高窟此时则显得格外宁静，没有一丝涟漪。

他暗暗松了口气。

也许正是在漫长的七年里寻求晚清政府帮助的无望，才让王道士这么轻易地打开了藏经洞的大门。

偶然事件的作用往往是决定性的，偶然中带着必然。

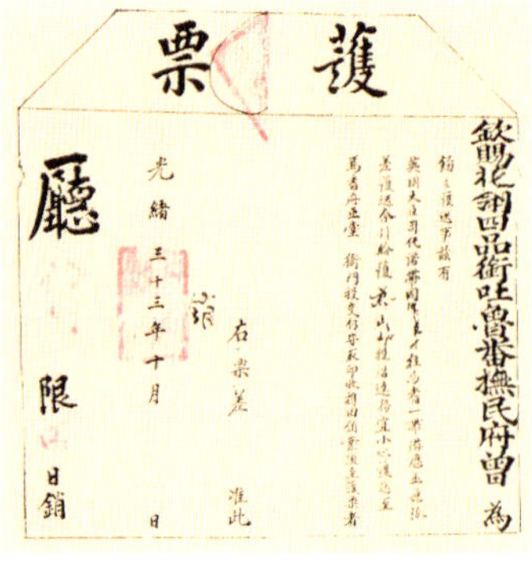

護票

廳

右票差

准此

光緒三十三年十月 日

限 日銷

斯坦因由吐鲁番赴焉耆的护票

几年后，斯坦因说：“当我今天回过头来检视我用4锭马蹄银换来的无价之宝时，这笔交易简直有点不可思议。”“这批遗书只花了130英镑，其他地方买一件梵文贝叶写本或一些古旧物品就要这些钱了。”

他还说：“我准备要付一大笔钱，足够王氏返回他在遥远的陕西省的老家，去过一种安宁的生活，如果住在敦煌对他来说不自在的话。”

显而易见，斯坦因还是小瞧了王道士，小瞧了王道士对信仰的执着，小瞧了王道士对社会舆论的承受力。

王道士没有选择拿着钱去做一个衣锦还乡的乡绅，去做光耀门楣、骄之乡里的“王老爷”，置办些房产田地，娶几房太太，生若干遗产继承人。

如果这样，也许今天我们就能读到《王圆箓传》了。

没有，王道士选择在莫高窟找回自信，选择在莫高窟继续实现他的梦想。

他开始自觉兑现自己“誓愿募化补修”莫高窟的承诺。

他请乡野民工新塑了一尊玄奘像，重塑了已经斑驳不堪的所有金身，也重新粉饰了几尊旧塑像。

可是他经手的这些塑像，原本灵动的面容，却看着像是僵住了。

香客们对他新建造的那些华丽而俗气的大塑像也皆说丑，这让他很是扫兴。

为了便于通行，他把数个上层洞窟凿穿，让洞连起来。

他修古汉桥，以便利朝山拜佛者上下。

在下寺建造太清宫庭院，修建了一个舒适、宽畅的客厅。

他还计划……

总之，他还有许多计划。

除了无法改变的天生的不伟岸、不挺拔的身形外，仿佛一夜之间，羸弱的王道士便已精神焕发了。

当他穿着并不鲜亮的道袍，腆着也不算高的肚子，手背在身后，几个徒弟如影随形地跟着他在敦煌的大街小巷穿行而过时，周围的百姓们见了，都会恭敬地尊一声“王爷”。

此刻的他，嘴角似乎也雕刻上了只有大人物们才有的无以言表的优越与豪迈。

尤其是伯希和的到来，更让他步入了人生的黄金时代。

差不多十年的时间，他从一个一无所有的流浪道士，成长为敦煌城里的巨富，莫高窟的“大人物”。

伯希和像

保罗·伯希和于1878年出生于法国巴黎，是法国著名的汉学家。其导师沙畹是法国的汉学巨擘，也曾踏足敦煌学界，对敦煌文书做过大量研究。

他于1900年到1904年间三次来到中国。先后在吐木休克、库车等地考察和盗掘了八个月，获取了一批梵文和龟兹文写本、龟兹文木简以及印玺、古钱等珍贵的中国古西域文物。

1904—1906年还曾在法国驻华使馆任职。

同斯坦因一样，伯希和也极有语言天赋，懂得汉语、俄语等约十三种语言。

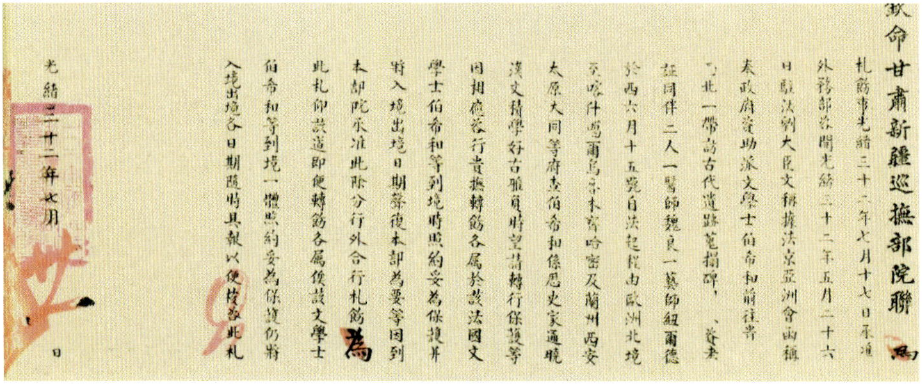

欽命甘肅新疆巡撫部院聯　為
札飭事光緒三十二年七月十七日承准
外務部咨開光緒三十二年五月二十六
日駐法劉大臣文稱據法京亞洲會函稱
本政府資助派文學士伯希和前往中
國北一帶訪古代遺跡蒐搨碑、資表
證同伴二人一醫師魏良一藝師紐爾德
於西六月十五號自法起程由歐洲北境
至喀什噶爾烏魯木齊哈密及蘭州西安
太原大同等府查伯希和係思史家通曉
漢文精學好古雅負時望請轉行保護等
因相應咨行貴撫轉飭各屬於該法國文
學士伯希和等到境時照約妥為保護并
將入境出境日期聲復本部為要等因到
本部院承准此除分行外合行札飭　為
此札仰該道即便轉飭各屬俟該文學士
伯希和等到境一體照約妥為保護仍將
入境出境各日期隨時具報以便核咨此札
光緒三十二年七月　日

新疆巡抚联魁关于保护伯希和考察队的札饬

伯希和从莫高窟第130窟（南大像）顶部拍摄的上寺（摄于1908年）

伯希和考察队初次探访莫高窟时在栈道上游荡（摄于1908年）

伯希和在莫高窟见到的做法事的道士（摄于1908年）

伯希和考察队在莫高窟居住的洞窟（摄于1908年）

伯希和拍摄的藏经洞藏文题记（摄于1908年）

当他作为法国西域科考探险队成员停留喀什拜访当地官员的时候，还因为一口流利的普通话引起骚动。

1907年10月，伯希和首次在乌鲁木齐听到敦煌藏经洞的消息。

此后两个多月的时间，他一直在乌鲁木齐逗留，多方打探敦煌文献的确切消息，了解敦煌写本与绘画的年代及其他相关的考订研究工作。这些前期功课，为他在进入藏经洞之后能立即做出准确判断打下了基础。

年轻的面容、轻快的体态、流利的京腔、丰富的知识，这一切很容易打垮一个老人的心理防御工事。

进入莫高窟后，伯希和很快就收获了王道士的信任。

作为“好朋友”，他在藏经洞里待了三周。

虽然伯希和比斯坦因晚到藏经洞一年，但斯坦因并未能进入藏经洞内挑选，亦未能看到全部藏品，而伯希和则不同。

他不仅亲自进入洞窟，而且面对那些让他“简直惊得呆若木鸡”的卷帙浩繁的写本，“不单接触了每一份文稿，而且还翻阅了每一张纸片”。

深厚的汉学功力、丰富的中国和中亚历史文献知识，使他选走了藏经洞里的全部精华。

离开敦煌的第二天，就是伯希和的三十岁生日，敦煌之行肯定是他一生中所能得到的最珍贵的生日礼物。

伯希和后来在一次演讲中宣称：“在近两万卷子中，只后悔看漏了一个。”

他把斯坦因依靠翻译而忽略的更珍贵的经卷和在语言学、考古学上极有价值的6000多卷写本和一些画卷，

伯希和在藏经洞挑选经卷（摄于1908年）

装满10辆大车，运往巴黎。

付出的代价是500两银子，换取了最有价值、最精华的藏经洞宝物。

由此，伯希和获取文献的数量虽不如斯坦因，但几乎全是精品。

1909年5月，即获取敦煌文物后的第二年，伯希和受法国国立图书馆委托，前往北京购买汉籍。

他随身携带了一些装裱好的藏经洞文献，其中有《尚书释文》《沙州图经》《慧超往五天竺国传》《敦煌碑赞合集》等，在北京六国饭店展示、宣讲。

当时，京城的达官贵人、军政要员闻风而至，政界、学界大佬竞相前往，络绎不绝，有如过节般热闹，堪称文化界一大盛事。

知名学者罗振玉、董康等也前往参观。

在看到敦煌写本《老子化胡经》《尚书》死卷等珍品后，“惊喜欲狂，如在梦寐”，始得知甘肃敦煌有重大发现。

而此时，距藏经洞发现已整整九年。

没有刀光剑影，没有流血牺牲，但这是一场战争，而且胜负已定。

在全国惊呼“国宝遭劫”的声浪中，罗振玉等人上书清朝学部，要求甘肃和敦煌地方政府马上清点藏经洞文献，并运送进京。

1910年，清政府正式拨款库银6000两，电令陕甘总督、护理甘肃都督毛庆蕃立即查封敦煌藏经洞，将所余经卷全部购买，运送北京。

罗振玉像

因为外资的介入，仿佛只隔了一个夜晚，市场就判若云泥，剧情反转太过迅猛，但却依然令人感慨万端。

甘肃藩司、代理巡抚何彦升刚刚到任，他命令敦煌知县陈泽藩点查剩余经卷，解运京师。

王道士收到了300两银子。

起运前，他又藏匿了一部分文书。

然而，令人意想不到的是，在押运的过程中，敦煌文物竟然一再遭到洗劫。

起运时经书并没有装箱，只是用草席草草遮盖。

押运沿途——

先是押运官监守自盗，私下售卖。

次是各站点的官员们几乎都雁过拔毛。

最后到了北京，负责押运的何彦升竟然纵容其子擅自将经卷文书运到家中，伙同亲友将许多的精品据为己有。为了充数，又将一些较长的卷子一撕为二。

就这样，藏经洞5万余卷文物，一部分被外国人偷运出境，一部分沿途散失，最后入藏京师图书馆的，只有寥寥8757卷了。

这八千余卷，还包括了一分为二的“二”部分。

消息传回敦煌，王道士也心痛不已。

他竟然后悔没有将文物全部卖给斯坦因。

初听此言，感觉是骇人听闻的丧心病狂，极端的恶劣。

然而，在时光流淌出百年之后，竟然被冲刷成一个惊人的预见力来。

他贱卖给洋人的那些遗书，一卷卷、一册册、一幅幅，都编着号、标着名，来有价存有目地收藏于博物馆中，得到专业保管，并发挥着它们应有的作用。

虽是漂洋过海，终是能看到。

而那些散失于民间或官员手中的宝物，命运好的还是卖给了外国人，命运不好的从此无影无踪。

真心祈祷，即使保管在私人手中也行，千万要留存于世。不要如流言所传，已被付之一炬，灰飞烟灭了。

华尔纳在黑城

即便是跨越千山万水去探望，也好过阴阳两隔来守候。

1914年，爆发了第一次世界大战，欧洲人停止了中亚探险、考察活动。

十年后的1924年，美国哈佛大学福格艺术博物馆东方部主任兰登·华尔纳一行踏着晚点的节奏初次来到莫高窟。

此时的王道士，已无藏经洞宝物可出售了。

他收受了华尔纳75两银子的捐助，竟然同意华尔纳手下用化学药水剥走一些固定财产——壁画。

然而，华尔纳的胃口是王道士想不到的。

华尔纳辣手一出，洞窟里的壁画被开了26方天窗，对画面造成了毁灭性的破坏。

莫高窟在元代以后已鲜为人知，几百年里洞窟基本保存了原貌。

自藏经洞发现后，洞窟也屡遭破坏。

被华尔纳盗走、现存于哈佛大学福格艺术博物馆的敦煌彩塑

华尔纳的行为更是激起了当地民众的极大愤慨，继而对王道士的贪婪无度也进行谴责，并迁怒于当时的敦煌县令管理不善。

一个风高月黑的夜晚，王道士孤寂地坐在下寺后墙的大榆树下。

他的怀里抱着他那漂亮的红色记账本。

这里面安放着他二十多年修行的里程，安放着他对道教的虔诚，也安放着他半生的奔波与操劳。

每一笔募化、每一笔捐款，每一笔劳务支出、每一笔建造支出，都在里面清清楚楚地记录着。

被华尔纳破坏的敦煌壁画

他要向谁表白呢？

谁又相信他呢？

月亮能明白他的诚意吗？

可是天空黑沉沉的，伸手不见五指，只是间或听到一阵树枝的摇晃声。

枯坐良久。

终于，他收束起了飘忽的心情，叹了口气，点燃了账本，火舌一点一点地吞噬了他的人生轨迹。

也许佛祖最终能理解他吧，他想。

然而，十万个为什么总在他耳边回旋。

年逾古稀的王道士，这次没能顶住压力，他疯了。

1931年，81岁高龄的王圆箓长眠于莫高窟。

道家戒律是，道士死后不建塔。

但他的弟子广泛征求了敦煌民众的意见，经各方一致同意后，为他修建了一座简朴的土塔。

塔碑上记载了他发现藏经洞的过程，记载了他在莫高窟的功绩，也给予了他很高的评价。

太清宫大方丈道会司王师法真墓志

民國廿年古七月卅日，爲吾師王法真仙遊之百日，門弟子咸願碑記行略，請命紳耆，衆皆曰："可。"何幸如之。夫吾師，姓王氏，名圓祿，湖北麻城縣人也，風骨飄然，嘗有出世之想，嗣以麻城連年荒旱，逃之四方，曆盡魔劫，灰心名利。至酒泉，以盛道，道行高潔、稽首受戒、孳孳修煉。迨後，雲遊敦煌，縱覽名勝，登三危之名山，見千佛之古洞。乃慨然曰："西方極樂世界，其在斯乎？"于是建修太清宫，以爲棲鶴伏龍之所。又複苦口勸募，急力經營，以流水疏通三層洞沙，沙出壁裂壹孔，仿佛有光。破壁，則有小洞，豁然開朗，內藏唐經萬卷、古物多名。見者驚為奇觀，聞者傳為神物，此光緒廿五年五月廿五日事也。嗚呼！以石室之秘錄，千百年而出現，宜乎？價重連城，名馳中外也。觀其改建三層樓、古漢橋以及補葺大小佛洞，積卅餘年之功果，費廿多萬之募資。佛像於焉莊嚴，洞宇於焉燦爛，神靈有感，人民受福矣。惟五層佛樓規模粗具，尚未觀厥成功。陸前縣長嘉其功德，委為道會司，以褒揚之。今者羽輪雖渺，道范常存，樹木墾田，成績卓著，道家之香火可繼，門徒之修持有資。實足以垂不朽而登道岸矣。夫何必絕食煉形而後謂之飛昇哉。

历史从来就有光荣榜，也有耻辱柱。

历史人物的是非功过，或丰碑或罪孽，一切都在人们的心里。

越是悠久的历史，越是容易摆脱任人打扮的小姑娘的状态，提供无法封闭的记录，显山露水地呈现出它的本来面目，供后人考研。

1907年和1914年，英国人斯坦因先后两次用700两白银购得约13000件。

1908年，法国人伯希和用500两白银购得约5500件。

1910年，藏经洞中的劫余写经，大部分运至北京，交京师图书馆收藏。

1911年，日本人橘瑞超和吉川小一郎购得约600件。

1912年，日本人大谷光瑞考察队用350两白银购得约400件。

1914年俄国人鄂登堡购得残卷约500件，绘制443个洞窟的平面图，拍摄洞窟照片2000余张，盗走了第263窟的壁画。

1924年，美国人华尔纳用75两白银，用特制胶布剥走26块精美壁画，盗走彩塑、半跪菩萨各一尊，经卷2件。

这批被后人称之为无价之宝的文物，最终流散在全世界24个国家和地区的100多个单位和个人手中，并由此引发了研究热潮，从而形成了一门国际显学——敦煌学。

橘瑞超像

吉川小一郎像

吉川小一郎看到的莫高窟

吉川小一郎在第444窟前室北壁用铅笔题写的题词“大日本京都吉川小一郎明治四十四年十月二十日”

橘瑞超与敦煌房东在一起

吉川小一郎（右）和安西直隶州知州侯葆文（中）、安西电局委员李又庚（左）合影

大谷光瑞像

吉川小一郎和橘瑞超的驼队载着藏经洞文物离开中国

鄂登堡在莫高窟

鄂登堡考察队在莫高窟获得的盛唐绢本绘画品残片《供养天女》

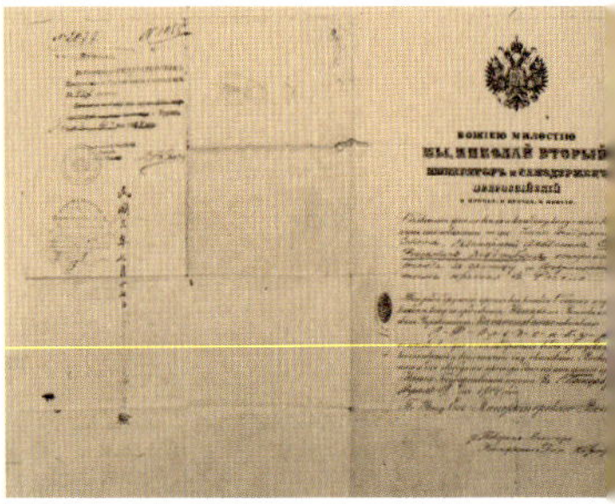

БОЖІЮ МИЛОСТІЮ
МЫ, НИКОЛАЙ ВТОРЫЙ

鄂登堡考察队所持护照

鄂登堡第二次领导的考察队在莫高窟合影。前排左三是鄂登堡，左四是杜丁

鄂登堡考察队离开莫高窟

升其栏槛，疑绝累于人间；

窥其宫阙，似游神乎天上。

岂异夫龙王散馥，化作金台，

梵王飞花，变成云盖。

幢幡五色而焕烂，钟磬八音而铿锵。

香积之饼俱臻，纯陀之供齐至。

——李君莫高窟佛龛碑

第四篇　敦煌艺术

1—3

莫高窟第45窟西壁龛内　彩塑一铺

如果人类历史是一部史诗大片的话，美丽的敦煌就是其中一个被特别眷顾的艺术角色。

正是由于中国、印度、希腊、伊斯兰文化在这里的相遇，多种文化的融会与撞击，迸发出那些公元4至11世纪的壁画与雕塑，带给人们极具震撼力的艺术感受。

莫高窟更是以兼容并蓄的恢宏气度，汲取和融合了当时欧亚大陆人类文明的精华。

敦煌艺术主要是指敦煌石窟艺术，是敦煌学研究的，由建筑艺术、雕塑艺术、壁画艺术三者紧密结合而成的综合体艺术。

敦煌艺术还包含了敦煌莫高窟藏经洞出土的绢画、麻布画、纸画、写本以及敦煌地区的其他文物艺术品，如古墓壁画、画像砖、汉简书法等。

莫高窟九层楼

敦煌石窟，是敦煌地区石窟的总称，包括敦煌市的莫高窟、西千佛洞，瓜州县的榆林窟、东千佛洞，肃北县的五个庙石窟。

这些石窟虽规模悬殊，但同在古敦煌郡境内，它们地域相近、内容相同、风格相似，同属敦煌石窟艺术范畴，通常统称为敦煌石窟。

九层楼
——莫高窟的标志之一

洞窟编号第96号，初唐（618—705年）。

位于莫高窟上寺窟群的正中。

高45米，主体为木结构建筑，依山崖而建，层层叠垒，高耸飞檐，气势雄伟，巍峨壮观。

里边供奉的是佛国三世中的“未来佛”——弥勒佛，即释迦牟尼的“接班人”。

作为莫高窟第一大佛的“北大像”，造像高35.5米，两膝间宽度为12米。

是世界上最大的室内盘腿而坐的石胎泥塑弥勒菩萨造像。

因此，九层楼也俗称“大佛殿”。

敦煌遗书《莫高窟记》记载，大佛为唐代武周证圣元年（695年）由禅师灵隐和居士阴祖所建。

造像非常丰盈圆润，属于典型的唐代风格。

据说当时武则天当政，为了巩固自己的帝位，就对民间宣扬自己是弥勒菩萨的化身。所以，这尊造像如今看起来还能发现很多女性的特征。

清末民初时期的莫高窟第96窟外景

莫高窟第96窟　大佛

大佛的制作方法为石胎泥塑，即在崖壁的石沙岩体上凿出佛像的大体形状，再用草泥垒塑，用麻泥细塑，最后着色而成。

虽然多次重修，已非唐塑原貌，但仍不失雄伟壮观的气势。

据史料及考古发掘资料记载，莫高窟北大像初凿成时，仅建有四级窟前殿堂。其后经多朝增建，最终于“民国”十七年至二十四年（1928—1935年），由官绅农商各界人士共同集资，增建为九层楼。

九层楼，攒尖高耸，檐牙错落，铁马叮咚，已成为莫高窟的标志之一。

莫高窟第 3 窟
——千手千眼观世音像的珍品

元代晚期（1227—1368年）最重要的代表窟。

洞窟虽小，但具有极高的艺术水平。

是敦煌现存唯一以观音为主题的洞窟。

全窟做成沙泥壁面，上敷薄粉，绘制湿壁画。是目前中国仅存的“湿壁画”。

覆斗顶殿堂窟，西壁开一佛龛，龛外北侧观音像南下方有墨书画工题名“甘州史小玉笔”。

此窟壁画疑为甘州画工史小玉于至正十七年（1357年）前后所作。

极为难得的是，这个叫史小玉的元代画匠，在此留下了关于他的记录。

更为难得的是，他的绘画技艺完全不亚于14世纪文艺复兴发展到顶峰时，在意大利的教堂和宫殿里留下著名画作的大画家乔托、马萨乔等人。

南、北壁均绘制十一面千手千眼观音菩萨及其眷属。

观音菩萨往昔曾为救度众生而发愿具足千手千眼之神通，“千眼遥观，千手接应”，象征观音能观众生之苦，济众生之难。

画面中分别绘出观音菩萨温和、慈悲和愤怒之相，千手排列成圆圈，形如光轮，每只手中均绘有一只眼睛。

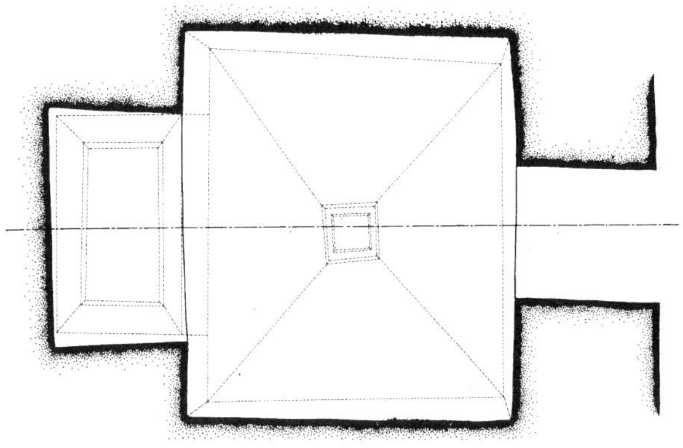

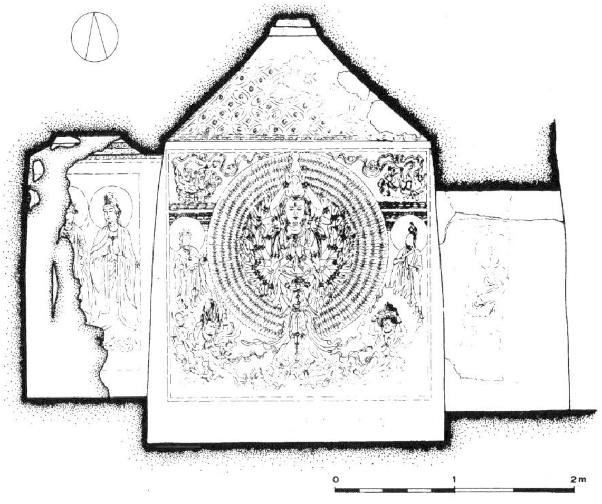

莫高窟第3窟实测图

莫高窟第3窟南壁　千手千眼观音变

莫高窟第3窟北壁　十一面千手观音像

帝释天、大梵天、辩才天、婆薮仙、毗那夜迦和火头金刚等眷属围绕，还有飞天持花供养。

窟门两侧绘施宝观音和施甘露观音。

观音仪态潇洒，足踏莲花凌空而下，周围祥云萦绕。

北侧观音手掌向下，抛撒玛瑙、珊瑚、金银等宝物，下方有穷人在举双手承接。

南侧观音手持净瓶倾洒甘露，其下有饥渴饿鬼仰头承接。

此所谓“甘露济饿鬼，七宝施贫儿”。

此窟画工技艺精湛，擅长运用各种线描塑造不同的艺术形象

——以匀劲的铁线描表现人物的面部和肌肤，显得丰满圆润；

——以棱角毕露的折芦描绘衣纹，体现布料质地厚重；

——以细腻的游丝描绘须发，有蓬松飘逸之感；

——以顿挫分明的钉头鼠尾描表现力士隆起的肌肉。

以线写形，人物面容、肢体用挺拔遒劲的铁线描，或轻或重，或虚或实，或深或浅，或浓或淡。布局疏密聚散、迂回婉转，时而酣畅淋漓，如春蚕吐丝，如行云流水；时而劲拔顿挫，如兰叶，如折芦。

以色显容，轮廓内再淡施晕染，自然匀称，丰满润泽，造型准确，有不施色彩却见肌肤的感觉。

千手千眼的描绘一丝不苟，千姿百态，耐人寻味，形成刚与柔的既鲜明又和谐的对比。

中国人物画的线描技法，几乎已荟萃一壁。

壁画设色淡雅清新，润泽透明，与线描相得益彰。

莫高窟第3窟西壁南侧　菩萨

莫高窟第3窟西壁龛内北侧　菩萨

画像以焦墨勾勒，色彩淡雅，造型蕴藉、庄重。

人们公认这是敦煌壁画中的极品。

这两幅千手千眼观音像，标志着元代绘画艺术的高度发展，也成为莫高窟晚期石窟艺术的绝响。

莫高窟第 220 窟
——揭开盛世唐风的帷幕

初唐（618—705年）最重要的洞窟之一，有贞观十六年的纪年题字。

此窟为覆斗顶形窟，正壁开一龛，左壁画阿弥陀经变，右壁画东方药师经变，前壁画维摩诘经变。

左壁阿弥陀经变中，碧波荡漾的七宝池水平台上，西方三圣——阿弥陀佛端坐莲台，观音、大势至菩萨侍立左右，背后经幢凌云，梵宫高耸，色彩鲜丽。

观音、大势至菩萨着透体罗衣，锦绣披巾，凝神伫立，神情庄重。

人物风貌神采已呈唐人丰满健美之美，白色肌肤已开始变为棕色，天然的变化使色彩更为丰富，显示出历史岁月中形成的一种古朴浑厚的立体感。

西方三圣周围圣众眷属环绕，有主次有疏密地组织

莫高窟第220窟内景

莫高窟第220窟南壁　阿弥陀经变

莫高窟第220窟北壁　药师经变

莫高窟第220窟东壁

莫高窟第220窟东壁窟门南侧　维摩诘经变

在一起。

下段的地面，七宝栏楯，楼阁相对，金沙铺地，琉璃合成。

中部的舞乐场面，乐工奏乐，歌伎起舞，鹦鹉、孔雀展翅踏节应弦而舞。

好一派歌舞升平的景象，这是莫高窟出现最早、场面最大的净土变。

右壁药师经变中，东方药师净土七佛为主体，八大菩萨侍立左右。

水池中央的宝台，以红蓝两色琉璃铺成，富丽繁华。

莫高窟第220窟东壁窟门南侧　维摩诘经变

莫高窟第220窟主室东壁北上角　重层壁画

莫高窟第220窟甬道内侧门北　残存表层壁画

莫高窟第220窟甬道　供养人像

在“灯山火木”的照耀下，展现出规模巨大的舞乐场面。

两侧乐队共有28人，分坐在两块方毯下，乐人肤色各有不同，演奏着中原汉民族的乐器、西域少数民族的打击乐器、吹奏乐器和从外国传入的弹拨乐器等共15种。

两组舞乐伎在灯火辉煌中翩翩起舞，一组展臂挥巾，绺发飘扬，似在旋转；一组举臂提脚，纵横腾踏，这就是传自中亚的胡旋舞和胡腾舞。

220窟的壁画，具有很高的艺术成就。

而其恢宏的场面，瑰丽的色彩，栩栩如生的人物形象，反映出大唐的博大胸怀和繁华富丽的景象，揭开了盛世唐风的帷幕。

是中国艺术史上最具影响力的作品之一。

莫高窟第158窟
——中唐时期具有代表性的洞窟之一

第158窟位于莫高窟南端，为吐蕃统治时期所凿，是莫高窟著名的涅槃窟之一。

所谓涅槃窟，是将涅槃像作为洞窟的主体，前面没有遮挡而使卧佛像赫然横陈在观者面前，所以涅槃窟的平面都为长方形。

窟面为横长方形，宽18.10米，深7.20米，高6.80米，靠后壁（西壁）有1.43米高的通长大台，大台上又有较矮小形如睡榻的小台，佛像即卧其上。

按照佛经的记载，释迦牟尼佛八十年间教化众生，化缘已尽，于中天竺拘尸那城中跋提河畔娑罗双树间，一日一夜说《大般涅槃经》毕，“即于是夜，右胁而卧，汨然大寂”。

正壁佛床上的涅槃像全长15.8米，头部长约3米。

右胁而卧，螺髻规整，面部丰满，神情安详，微含笑意，毫无凡人临终的痛苦和悲哀，相反却犹如欣慰、满意而入睡。

整个形态，深刻地表现了“寂灭为乐”的涅槃境界。

涅槃像头侧壁上的弟子举哀图，着重刻画了阿难见迦叶来，投地啼哭，以及众弟子扶持举臂号啕悲不自胜的大迦叶，神态生动，造型夸张。

上排的菩萨是“大觉有情”者，以超然出世的感情对待佛的涅槃，其沉静、虔诚的表情与弟子形成对比。

涅槃像足侧壁上则以各国君王为代表，突出地描绘了在俗的信徒因闻知释迦涅槃而极度悲痛，号啕悲泣而

莫高窟第158窟内景

莫高窟第158窟内景

莫高窟第158窟　涅槃变中的各国王子

外，更有割耳、挖心、剖腹等种种痛不欲生的表现。

各国王中，除由侍女搀扶着的头戴冕旒、身穿大袖裙襦的汉族帝王外，并有吐蕃、突厥、回鹘等各族以及南亚、中亚等国的国王。

由画师精心绘制而成的各种服饰，肤色和人物形象，反映出唐朝民族关系的密切和国际交往的广泛。

第158窟作为莫高窟中唐时期具有代表性的洞窟之一，它那日臻完善的佛教艺术和那神形合一、神态各异、性格鲜明的人物造型，使人赞叹不已，流连忘返。

莫高窟第158窟北壁　弥勒倚坐像

莫高窟第158窟南壁　立佛像

飞天
——敦煌艺术的标志

飞天，作为绝美而不朽的艺术品，也成了中国的国家名片。

敦煌莫高窟较重要的492个洞窟中，几乎窟窟画有飞天，总计4500余身。

佛教中把空中飞行的天神称为飞天，所以飞天多画在佛教石窟壁画中。

敦煌飞天从艺术形象上说，它不是一种文化的艺术形象，而是多种文化的复合体。

莫高窟第172窟北壁经变上部东侧飞天

莫高窟第172窟飞天

莫高窟第172窟飞天

飞天的故乡在印度，是佛教中乾闼婆和紧那罗的化身。

乾闼婆，意译为天歌神。

紧那罗，意译为天乐神。

他们原是古印度神话中的娱乐神和歌舞神，是一对夫妻。后被佛教吸收为天龙八部众神之一。

乾闼婆的任务是在佛国里散发香气，为佛献花、供宝，栖身于花丛，飞翔于天宫。

紧那罗的任务是在佛国里奏乐、歌舞，但不能飞翔于云霄。

后来，乾闼婆和紧那罗合为一体，不分男女，不分职能，变为飞天。

现在，把早期在天宫奏乐的叫“天宫伎乐”，把后来持乐器歌舞的称“飞天伎乐”。

而敦煌飞天，则是印度文化、西域文化、中原文化共同孕育成的。

它是印度佛教天人和中国道教羽人、西域飞天和中原飞天长期交流、融合的结果，最终呈现的是演变为具有中国文化特色的飞天。

从十六国的北凉起，历经北魏、西魏、北周、隋代几个朝代，敦煌飞天完成了中外、东西、南北的互相交流、吸收、融合。

莫高窟第249窟南部说法图左上部飞天

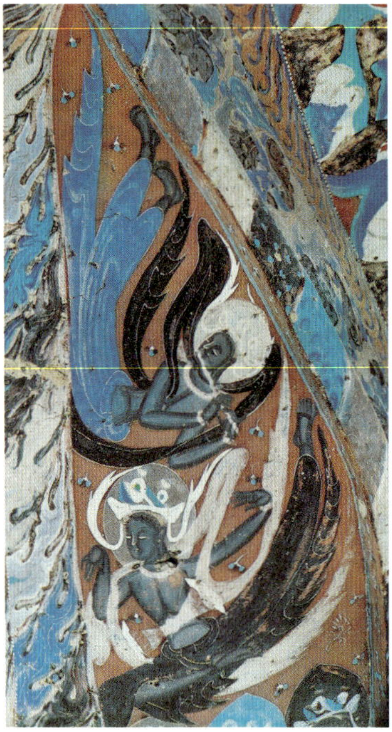

莫高窟第249窟西壁龛内飞天

莫高窟第249窟飞天

莫高窟第412窟龛顶南侧飞天

莫高窟第114窟左壁龛内壁画飞天

莫高窟第155窟左壁龛内壁画飞天

莫高窟第327窟飞天

莫高窟第158窟西壁持瓔珞的飞天

莫高窟第248窟人字披西披飞天

莫高窟第272窟北壁上层飞天

莫高窟第260窟北壁后部说法图中的飞天

莫高窟第278窟飞天

莫高窟第159窟飞天

莫高窟第423窟飞天

莫高窟第428窟窟顶北侧飞天

莫高窟第428窟窟顶后部平棋中裸体飞天

莫高窟第428窟南壁飞天

莫高窟第97窟西壁龛内北侧飞天

莫高窟第305窟飞天

莫高窟第39窟西壁龛内南侧飞天

莫高窟第285窟南壁飞天

莫高窟第329窟藻井飞天

莫高窟第404窟飞天

至唐代，进入了成熟时期，艺术形象达到最完美的阶段，完全是中国化的飞天了。

敦煌飞天的风格特征是不长翅膀，不生羽毛，借助云彩而不依靠云彩，凭借飘曳的衣裙、飞舞的彩带凌空翱翔，千姿百态，千变万化。

敦煌飞天，是中国艺术家最天才的创作，是世界美术史上的一个奇迹。

唐代是莫高窟大型经变画最多的朝代，窟内的四壁几乎都被大型经变画占领。

莫高窟第321窟西佛龛全景

飞天亦主要画在大型经变画中。

在题材上，一方面表现大型经变画中的佛陀说法场面，飞天散花、歌舞、礼赞作供养；另一方面表现大型经变中佛国天界——“西方净土”“东方净土”等极乐世界的欢乐。

飞天飞绕在佛陀的头顶，或飞翔在极乐世界的上空，有的脚踏彩云，徐徐降落；有的昂首振臂，腾空而上；有的手捧鲜花，直冲云霄；有的手托花盘，横空飘游。飘曳的衣裙，飞卷的舞带，轻盈盈地衬托出一个唯美的佛国世界。

唐代前期的飞天最具奋发进取、豪迈有力、自由奔放、奇姿异态、变化无穷的飞动之美。

这与唐王朝前期开明的政治、强大的国力、繁荣的经济、丰富的文化、奋发进取的时代精神是一致的。

最具有唐代前期风格和特点的飞天，是画在初唐第321窟的双飞天和盛唐第320窟中的四飞天。

第321窟西壁飞天是敦煌飞天壁画中最具运动美感的精彩画面。

佛龛两侧各画两身双飞天，飞翔姿态十分优美。

尽管面容、身体已变成绛黑色，但眉目轮廓、身体姿态、衣裙彩带的线条十分清晰。

其身材修长，昂首挺胸，双腿上扬，双手散花，衣裙巾带随风舒展，由上而下，徐徐飘落，仿佛两只在空中飘游的燕子，表现出了潇洒轻盈的飞行之美。

西壁龛顶南侧的天宫天女画面也非常值得欣赏。

蓝色天空中散花飞天陪菩萨乘彩云飞来，一群天女、

莫高窟第321窟飞天

菩萨在宫栏内俯视下界，挥手、呼唤、互语、欢乐的观赏情态跃然壁上。

天女姿态各异，体态婀娜，造型准确，挥手展臂，含蓄情深。

在晴朗无垠的蓝天中，修长而优美的散花天女，驾着祥云和瑞气从天上飘然而来。

其动作协调多变，如舞如歌，左右上下呼应，使自由广阔的蓝天充满着烂漫欢乐的人间气息。

第320窟的四身飞天，画在南壁西方净土变中阿弥陀佛头顶华盖的上方。

每侧两身，以对称的形式，围绕华盖，互相追逐。

一个反身回顾，扬手散花；一个在后，举臂紧追。

前呼后应，表现出一种既奋发进取，又自由轻松的精神力量和飞行之美。

莫高窟第320窟南壁飞天

飞天的四周，彩云飘浮，香花纷落，既表现飞天向佛陀作供养，又表现佛国天堂的自由欢乐。

飞天的身体虽已变黑，面容不清，但整体形象清晰，身材修长，姿态轻盈，人体比例准确，线描流畅有力，色彩艳丽丰富，是唐代飞天的代表作之一。

莫高窟第 257 窟
——九色鹿本生故事

在莫高窟众多壁画故事中，最著名的当属“九色鹿本生故事”。

因其故事完整，情节生动，在20世纪曾被拍成美术片放映，可谓家喻户晓。

这是敦煌最早的横条连环故事画。

故事讲的是一位菩萨隐于鹿王身上。鹿王身上的毛呈现出九种颜色，只要站着不动，就能看到它身上闪着的七彩光，鹿角白如雪。

有一天，九色鹿王救起了一位溺水的樵夫。

樵夫却见利忘义，跑到宫廷告密，并带领国王前来猎取鹿角及皮毛。

鹿王毫无惧色，向国王陈述了溺水之人忘恩负义的劣迹。

国王深受感动，下令全国禁捕鹿王。

溺水的樵夫，则因违背誓言而周身生疮受苦。

画面构图打破了一般故事情节以单向顺序排列进行叙事的方法，而是从两头开始叙述。这种中央是故事高潮和结尾的特殊布局，给人留下回味和想象。

壁画共用九幅图表现故事的主要情节。

故事从画面两端向中部描绘：一端描绘的是九色鹿救落水人的情景，一端描绘的是王妃夜梦九色鹿的情景。

故事在画面的中部结束：描绘了九色鹿向国王陈述落水人背信弃义的行为，以及落水人满身生恶疮、毒发而死的结局。

这种奇特的构图方法，呈现出戏剧高潮的效果，更加突出了故事本身善有善报、恶有恶报的主题。

在绘画艺术上，画面具有我国古代民族传统的装饰风格，以土红色作底色，以青、绿、

莫高窟第257窟西壁　九色鹿本生（局部）

3-2

莫高窟第257窟西壁　九色鹿本生（局部）

黑、白、黄、赭色错杂其间，具有浓丽、淳厚、质朴之美。

这幅故事画最突出的成就是对人物神情的描绘。

其中，以落水人告密最为生动精彩：

着西域衣冠的国王，盘腿坐于中国式宫殿中，龟兹装扮的王妃，依偎在国王身边。

落水人长跪宫门外，合掌向国王告密。

国王扬手作势，似乎正在说着什么；王妃侧身，撒娇地把右臂搭在国王的肩上，眼睛看着落水人，手指似乎在国王臂上轻轻叩打，长裙下露出光脚，翘起的拇指，也似乎在不自觉地晃动。

这些生动的细节描绘，深刻地表现了王妃想要得到九色鹿的急迫心情。

更突出的是九色鹿与国王相遇的场面。

画面中的九色鹿理直气壮、昂首挺胸地站在国王面前，陈述落水人的恶行。

这不仅反映了古代画师对九色鹿舍己救人行为的赞美，而且也反映出了画师在塑造九色鹿这一形象时所倾注的感情。

这幅作品，形式之完美，艺术之精湛，令后人叹为观止，实为莫高窟早期绘画作品中的上乘之作。

莫高窟第285窟
——五百强盗成佛图

这个故事画绘在第285窟南壁，是莫高窟西魏时期最大的一幅故事画，也是最早的因缘故事画。

保存有西魏大统年间的造像题记，是早期莫高窟唯一有确凿纪年的洞窟。

绘画手法采用一横卷式直线型构图，内容依据《大般涅槃经·梵行品》中的经文而绘制。

从前，在古印度南部，有个侨萨罗王国。

王国中出了五百个强盗。他们占山扎寨，拦路抢劫，打家劫舍，杀人放火，无恶不作。

商客游人和地方百姓深受其害。

地方官员多次用兵，终不能获胜。

于是报知国王，国王派了精兵良将前来征剿。

莫高窟第285窟内景

经过激烈的战斗，五百强盗战败，全部当了俘虏。

国王决定，对罪大恶极的五百强盗处以酷刑。

这天，刑场戒备森严，杀气腾腾。

兵士手持尖刀，将赤身裸体、披头散发、捆绑在刑柱上的强盗的双眼全部挖掉，有的还割掉了鼻子、耳朵。

然后，将他们放逐到荒无人迹的深山老林中。

山谷林木葱茏，狼嗥虎啸，阴森恐惧，强盗们衣食无着。

他们悲愤欲绝，撕心裂肺地绝望地号叫着。

凄惨的呼叫声传遍四野，也传进了释迦牟尼佛的耳朵里。

他知道这是五百强盗在生死线上的挣扎呼救，便用神力送来了香山妙药，吹进了五百强盗的眼睛。

霎时，他们个个双眼重见光明。

释迦牟尼佛又亲临山谷，给五百强盗讲经说法："正是你们以前作恶多端，才有今天的苦难。只要洗心革面，弃恶从善，皈依佛门，就能赎清罪孽，修成正果，脱离苦海，进入极乐世界。"

强盗们听了佛祖的教诲，俯首悔过，口称尊师，成了佛门弟子。

从此，山谷中的森林被称作"得眼林"。

很多年后，当年的五百强盗终于修成正果，成为五百罗汉。

壁画完整地表现了故事的全过程，采用连环画空间转换的长卷方式，细致地描绘了故

事情节，由左到右分别为交战、被俘、受审、剜眼、放逐、得救、听法、入山修行八个场面。

一开始就是激烈的战争场面，以五人代表五百强盗。官兵乘骑铠马、戴盔披甲、手握长枪，与穿布裤麻鞋的强盗厮杀。

这个画面是研究古代战争史的宝贵资料。

画面层层展开，结构紧凑，情节连贯，情景交融，使故事环环入扣，引人入胜。

许多细节刻画显示出画家深厚的艺术功力。

如五百强盗受刑于山林中，个个毛发直立，骨瘦如柴，悲天嚎地，表现了他们不幸的遭遇。而周围的黄羊、野兔却无动于衷，并不惊怕。

作品布局完整，艺术精湛，画面恢宏，情节紧凑，是敦煌壁画同类作品中较为经典的一幅。

至今，第285窟保存完好。

壁画人物面部和肢体的晕染尚未完全变色，可以看到当时的设色效果。

莫高窟第285窟南壁　五百强盗成佛因缘故事画

安西榆林窟

榆林窟，又名榆林寺、万佛峡和上洞子等，位于甘肃省瓜州县城南约七十公里的南山峡谷中，榆林河从峡谷中穿流而过，两岸榆树成林，石窟因此得名。

榆林窟因缺乏确凿的史实证据，开创时（年）代至今尚无定论。现存洞窟最早建于唐代，经五代、宋、回鹘、西夏续建，终于元。洞窟分上下层，共有四十三个。东崖三十二个，西崖十一个。窟形、彩塑、壁画的特点、题材和风格，与莫高窟基本相同，同属敦煌艺术系统，故被称为莫高窟的“姊妹窟”。

榆林窟第25窟
——唐代壁画中的珍品

榆林窟现存唐、五代、宋、西夏、元等朝代洞窟42个，分布在榆林河东西两岸的悬崖峭壁上。留存的4000多平方米壁画，保存得比敦煌莫高窟还要完整。

榆林窟的价值主要表现在精美的壁画上。

壁画多为唐代至元代800年间的作品。内容十分丰富，有场面宏大的巨幅经变画，形象生动的单幅佛像画及装饰图案和种类繁多的奇花异草、飞禽走兽，还有一定数量的表现当时社会生活、生产、科技等现实的画面。

从唐到元，历代都有佳作，其中第25窟的唐代壁画，更是世间所罕见的珍品。

第25窟坐落在东崖中部唐窟群中，形制颇有特点。

主室呈方形，前室呈横长方形，甬道长而阔。

从洞窟形制、壁画内容和布局、人物造型和衣冠服饰，以及表现技法和艺术风格来看，明显地继承了盛唐特点。

从壁画中的古藏文题记和吐蕃人形象判断，此窟大致建造于吐蕃占领瓜州初期的中唐时期。

窟内的壁画，以现实与想象相结合的创作方法，以写实的形象，表现虚幻的宗教境界，使人产生感情上的共鸣，从而达到“动人心志”的效果，不愧为中国佛教艺术的瑰宝。

北壁的弥勒经变，以《弥勒下生成佛经》为依据绘制。

画面的主体是弥勒三会。

初会居中，成为画面的中心。未来佛弥勒置身于碧绿掩映的龙华树下，身后山石嶙峋，上方宝盖装饰华丽，

榆林窟第25窟内景

法华林菩萨和大妙相菩萨左右胁侍，诸听法圣众、天龙八部围绕。弥勒面前右侧绘有转轮王率众落发为僧的情景，左侧为佛母梵摩越王女率领宫娥彩女削发为尼的场面。

画面的右侧为第二会，弥勒侧向坐，案上陈设袈裟，比丘静坐听法，案前有男剃度者，这是平民善财等正在受戒。

画面的左侧为第三会，与第二会遥遥相对，案上陈设袈裟，比丘尼合十听法，前有落发后正在受洗礼的妇女。

画面的其余空间，穿插绘有想象中的弥勒世界的种种美妙事物。诸如道路平整、人寿绵长、一种七收、树上生衣、路不拾遗、夜不闭户等等各种情景、故事，错落穿插绘于三会说法场面的周围，形成一幅内容详尽而又主次分明的宏伟巨图。

这铺弥勒经变，画风细腻，色彩绚丽，艺术造诣极高，使弥勒世界在一片辽阔而优美

榆林窟第25窟　弥勒初会（部分）

榆林窟第25窟　嫁娶图

榆林窟第25窟　耕作图

榆林窟第25窟　临终图

榆林窟第25窟南壁　观无量寿经变

榆林窟第25窟　普贤变

榆林窟第25窟　文殊变

的田园风光中，展现了美妙的人间生活和神灵变幻的世界，不仅是吐蕃时期的艺术珍品，也是敦煌艺术系统中不可多得的杰作。

敦煌石窟艺术的创造，大多以佛教经典为依据。

而佛国世界的创造，必与现实生活发生密切关系。

犹如一面镜子，摄取现实世界之生活素材，反射佛国世界之梦想追求。

历经一千年创造的敦煌石窟艺术，表现的就是一千年古代社会的生活，展示的就是一千年内涵丰富的文化。

那一尊尊塑像，一方方壁画，一卷卷文书，就是一部艺术编年史，不同的画风，不同的造型，不同的文化汇聚一堂。

游历莫高窟，就宛如一次次的时空穿梭，亲历历朝历代的流转跨越，目睹艺术风格的海纳百川，体验时间复刻在万米长卷上的持续放映。

敦煌石窟不仅是极其珍贵的文化宝库，也是辉煌灿烂的艺术宝库。